THE NEW SIDDUR PROGRAM FOR HEBREW AND HERITAGE

עִבְרִית חֲדָשָׁה

לְתוֹדָעַת תְּפִלָּה

HONOR LEVEL 4

PEARL AND NORMAN TARNOR
ROBERTA OSSER BAUM
◆
BEHRMAN HOUSE

Lovingly dedicated to
Susan and Elisha

הַנֶּאֱהָבִים וְהַנְּעִימִם בְּחַיֵּיהֶם...

(II Samuel 1:23)

PROJECT EDITOR:
RUBY G. STRAUSS

BOOK DESIGN:
ITZHACK SHELOMI

COVER DESIGN:
ROBERT J. O'DELL

STORY ILLUSTRATION:
JANA BEN-MOSHE

ACTIVITY ART:
ITZHACK SHELOMI

PHOTO CREDITS
The editor and publisher gratefully acknowledge the cooperation
of the following sources of photographs for this book:

The Jewish Museum 13, 115, 135, 151; Society for the Advancement of Judaism/Francene Keery
18, 30; Tana Hobin 39; EPG International/Alan Oddie 46; S.A.R. Academy/Devorah Preiss 57,
103; Bill Aron 87, 152; Superstock/Jean-Louis Atlan 92; Israel Government Press Office 158.

PUBLISHED BY BEHRMAN HOUSE, INC.
235 Watchung Avenue, West Orange, New Jersey 07052
ISBN 0-87441-567-5

MANUFACTURED IN THE UNITED STATES OF AMERICA

3 4 5 6 7 8 9 10

CONTENTS

UNIT ONE
From the מַחֲזוֹר

UNIT TWO
From the הַגָּדָה

UNIT ONE

From the מַחֲזוֹר

Rosh Hashanah and Yom Kippur are our High Holy Days. רֹאשׁ הַשָּׁנָה marks the beginning of the new Jewish year. It is celebrated on the first and second day of the month of Tishre. יוֹם כִּפּוּר is observed on the tenth day of Tishre. The days between רֹאשׁ הַשָּׁנָה and יוֹם כִּפּוּר are called the Ten Days of Repentance (עֲשֶׂרֶת יְמֵי תְשׁוּבָה).

The מַחֲזוֹר is a prayer book designed especially for the High Holy Days (יָמִים נוֹרָאִים). The word מַחֲזוֹר means "cycle." It comes from the Hebrew root (חזר) meaning return or repeat. The High Holy Days of רֹאשׁ הַשָּׁנָה and יוֹם כִּפּוּר return each year and we repeat the prayers.

The basic structure of the מַחֲזוֹר is similar to the סִדּוּר. The arrangement of the four services recited on Shabbat is followed: מִנְחָה (4) - מוּסָף (3) - שַׁחֲרִית (2) - מַעֲרִיב (1). This same order is followed on רֹאשׁ הַשָּׁנָה and on יוֹם כִּפּוּר but there are differences. On רֹאשׁ הַשָּׁנָה the shofar is blown after the Torah Reading and during the מוּסָף Service. On the eve of יוֹם כִּפּוּר, just before sundown, the כָּל נִדְרֵי Service is recited. An additional service called נְעִילָה is recited at the end of יוֹם כִּפּוּר. The word נְעִילָה literally means "closing." It recalls the closing of the Holy

Temple's gates and symbolically represents the last opportunity for our prayers to be received by God before the Gates of Heaven close on this holy day. A long blast of the shofar is sounded at the end of the נְעִילָה service, marking the formal end of יוֹם כִּפּוּר.

The מַחֲזוֹר also includes many hymns and religious poems *(piyyutim)* that we recite on רֹאשׁ הַשָּׁנָה and on יוֹם כִּפּוּר. The *piyyutim* are very old. They were written in many lands over a period of a thousand years.

In the first part of this book, we will study some of the special prayers and *piyyutim* that are found in the מַחֲזוֹר. Learning these prayers and poems will enable you to participate in the High Holy Days Services with greater understanding.

LESSON 1

וּנְתַנֶּה תֹּקֶף קְדֻשַּׁת הַיּוֹם

Let us declare holiness of this day

A *piyyut* is a religious poem. This *piyyut* was probably written in the eleventh century. The poem describes the Day of Judgment (יוֹם הַדִּין). It lists the misfortunes that may happen to a person. But after this somber beginning, the poem ends with an optimistic message. One can annul the severe decree through repentance (תְּשׁוּבָה), prayer (תְּפִלָּה), and righteous acts (צְדָקָה).

1 וּנְתַנֶּה תֹּקֶף קְדֻשַּׁת הַיּוֹם כִּי הוּא נוֹרָא וְאָיֹם.

2 וּבְשׁוֹפָר גָּדוֹל יִתָּקַע וְקוֹל דְּמָמָה דַקָּה יִשָּׁמַע,
3 וּמַלְאָכִים יֵחָפֵזוּן וְחִיל וּרְעָדָה יֹאחֵזוּן וְיֹאמְרוּ:
4 הִנֵּה יוֹם הַדִּין.

5 בְּרֹאשׁ הַשָּׁנָה יִכָּתֵבוּן וּבְיוֹם צוֹם כִּפּוּר יֵחָתֵמוּן.

6 וּתְשׁוּבָה וּתְפִלָּה וּצְדָקָה
7 מַעֲבִירִין אֶת־רֹעַ הַגְּזֵרָה.

TO HELP YOU UNDERSTAND

FAMILIAR WORDS

the holiness of this day	קְדֻשַּׁת הַיּוֹם (קדשׁ)
shofar	שׁוֹפָר
voice	קוֹל
will be heard	יִשָּׁמַע (שׁמע)
and they will say	וְיֹאמְרוּ (אמר)
will be written	יִכָּתֵבוּן (כתב)
prayer	תְּפִלָּה (פלל)
righteous act	צְדָקָה (צדק)

NEW WORDS

(it) will be blown, will be sounded	יִתָּקַע (תקע)
the Day of Judgment	יוֹם הַדִּין
(it) will be sealed	יֵחָתֵמוּן
Fast Day	יוֹם צוֹם
Yom Kippur, Day of Atonement	יוֹם כִּפּוּר
repentance, return	תְּשׁוּבָה

מוּסָף לְרֹאשׁ הַשָּׁנָה

There are nine blessings in the Musaf Amidah for Rosh Hashanah. Here are selected lines from the middle three blessings. The first blessing proclaims that God is King – מַלְכֻיּוֹת. The second describes God as a merciful Judge who remembers the deeds of everyone – זִכְרוֹנוֹת. And the third states that God is the Giver of the Torah – שׁוֹפָרוֹת. After each section is recited, the שׁוֹפָר is blown.

מַלְכֻיּוֹת

1 אֱלֹהֵינוּ וֵאלֹהֵי אֲבוֹתֵינוּ, מְלוֹךְ עַל כָּל־הָעוֹלָם כֻּלּוֹ בִּכְבוֹדֶךָ.

2 בָּרוּךְ אַתָּה, יְיָ, מֶלֶךְ עַל כָּל־הָאָרֶץ,

3 מְקַדֵּשׁ (הַשַּׁבָּת וְ) יִשְׂרָאֵל וְיוֹם הַזִּכָּרוֹן:

זִכְרוֹנוֹת

4 אֱלֹהֵינוּ וֵאלֹהֵי אֲבוֹתֵינוּ, זָכְרֵנוּ בְּזִכָּרוֹן טוֹב לְפָנֶיךָ...

5 בָּרוּךְ אַתָּה, יְיָ, זוֹכֵר הַבְּרִית.

שׁוֹפָרוֹת

6 אֱלֹהֵינוּ וֵאלֹהֵי אֲבוֹתֵינוּ, תְּקַע בְּשׁוֹפָר גָּדוֹל לְחֵרוּתֵנוּ.

7 כִּי אַתָּה שׁוֹמֵעַ קוֹל שׁוֹפָר וּמַאֲזִין תְּרוּעָה וְאֵין דּוֹמֶה לָּךְ.

8 בָּרוּךְ אַתָּה, יְיָ, שׁוֹמֵעַ קוֹל תְּרוּעַת עַמּוֹ יִשְׂרָאֵל בְּרַחֲמִים.

TO HELP YOU UNDERSTAND

FAMILIAR WORDS

rule	מְלוֹךְ (מלכ)
with your honor	בִּכְבוֹדֶךָ (כבד)
make holy	מְקַדֵּשׁ (קדשׁ)
the Day of Remembrance	יוֹם הַזִּכָּרוֹן (זכר)
remember us	זָכְרֵנוּ (זכר)
sound, blow	תְּקַע (תקע)
his people, nation	עַמּוֹ
with mercy	בְּרַחֲמִים

NEW WORDS

covenant, agreement	בְּרִית
sound	תְּרוּעָה

CONNECTIONS

Connect each Hebrew word to its English meaning.

repentance	צְדָקָה
sound	תְּשׁוּבָה
righteous act	תְּפִלָּה
prayer	תְּרוּעָה
Day of Rememberance	יוֹם הַדִּין
holiness of this day	יוֹם כִּפּוּר
Day of Atonement	יוֹם הַזִּכָּרוֹן
Day of Judgment	קְדֻשַּׁת הַיּוֹם

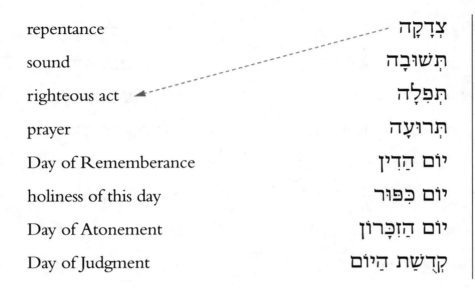

Match the Hebrew word on the right to its שֹׁרֶשׁ (root letters).

(תקע)	בְּרַחֲמִים
(שמע)	יִכָּתֵבוּן
(רחמ)	יִשָּׁמַע
(כתב)	יִתָּקַע
(זכר)	וְיֹאמְרוּ
(קדש)	מְלוֹךְ
(אמר)	מְקַדֵּשׁ
(מלכ)	זָכְרֵנוּ

RECOGNIZING ROOTS

Write the correct שֹׁרֶשׁ next to the prayer word. Then write the English meaning of the שֹׁרֶשׁ.

act righteously, write, pray, hear, mercy, sound, remember, holy	(צדק) (זכר) (פלל) (תקע) (כתב) (קדש) (שמע) (רחמ)

English	שרש	prayer word	
act righteously	צדק	וּצְדָקָה	1
		יִשָּׁמַע	2
		יִתָּקַע	3
		וּתְפִלָּה	4
		יִכָּתֵבוּן	5
		זָכְרֵנוּ	6
		בְּרַחֲמִים	7
		קְדֻשַּׁת	8

TRANSLATE

The שֹׁרֶשׁ (כפר) means ______________________

The term יוֹם כִּפּוּר means ______________________

COMPLETE THE PHRASE

וּתְפִלָּה	יִכָּתֵבוּן	שׁוֹמֵעַ	תְּקַע	זָכְרֵנוּ

1 בְּרֹאשׁ הַשָּׁנָה ___יִכָּתֵבוּן___ וּבְיוֹם צוֹם כִּפּוּר
יֵחָתֵמוּן (כתב)

2 _____ בְּשׁוֹפָר גָּדוֹל לְחֵרוּתֵנוּ (תקע)

3 בָּרוּךְ אַתָּה, יְיָ, _____ קוֹל תְּרוּעַת
עַמּוֹ (שמע)

4 וּתְשׁוּבָה _____ וּצְדָקָה מַעֲבִירִין אֶת
רֹעַ הַגְּזֵרָה (פלל)

5 אֱלֹהֵינוּ וֵאלֹהֵי אֲבוֹתֵינוּ _____ בְּזִכְרוֹן
טוֹב (זכר)

Complete the prayer phrase by adding the missing word. *Hint:* Use the שֹׁרֶשׁ found at the end of each phrase to help you find the correct word in the box.

MATCH THE PHRASE

Write the number of the Hebrew phrase on the opposite page next to the English phrase that means the same thing. Underline the English meaning of the Hebrew word which completed the phrase.

_____ Our God and God of our ancestors, remember us with a favorable (good) remembrance

_____ Sound the great shofar for our freedom

_1_ On Rosh Hashanah it will be written and on Yom Kippur it will be sealed

_____ Repentance, prayer, and righteous acts can annul the severe decree

_____ Praised are You, God, who hears the sound of the shofar

The שׁוֹפָר is made from the horn of a male sheep, a ram. It is hollow and when it is blown the sound is sharp and loud. Some shofars are beautifully decorated. This one was made in Spain in the 18th century.

THE SHOFAR

The שׁוֹפָר, the ram's horn, is one of the world's oldest instruments. The Torah relates how Abraham sacrificed a ram in place of his son Isaac *(Genesis 22:9-13)*. We read this account on רֹאשׁ הַשָּׁנָה. The שׁוֹפָר was sounded at הַר סִינַי to prepare us for the giving of the Torah *(Exodus 19:16-20; 20:15)*. In the Book of Joshua, the שׁוֹפָר was blown during the conquest of Jericho *(Joshua 6:1-20)*. Many centuries later, Maimonides, a great scholar, considered the sound of the שׁוֹפָר as a call for us to judge our own actions. The שׁוֹפָר calls us to do תְּשׁוּבָה and reminds us to care for our world as we celebrate creation with renewed commitment to positive action.

THE SOUNDS OF THE SHOFAR

תְּקִיעָה שְׁבָרִים תְּרוּעָה תְּקִיעָה

תְּקִיעָה שְׁבָרִים תְּקִיעָה

תְּקִיעָה תְּרוּעָה תְּקִיעָה

תְּקִיעָה – **1 Solid Blast**

שְׁבָרִים – **3 Short Blasts**

תְּרוּעָה – **9 Staccato Blasts**

THINK ABOUT IT

Think about this past year. What things did you do which require תְּשׁוּבָה? What things can you do to protect God's creation?

HIT THE RIGHT NOTE

Write the number of the correct English meaning in each note of the shofar.

יְחָתֵמוּן _____

בְּרִית _____

קוֹל 1

תְּשׁוּבָה _____

זוֹכֵר _____

דִּין _____

שׁוֹפָר _____

תְּרוּעָה _____

① voice ③ remember ⑤ judgment ⑦ repentance

② shofar ④ covenant ⑥ it is sealed ⑧ sound

STORY WORDS

WORDS YOU KNOW

you will be	תִּהְיֶה (היה)
words of truth	דִּבְרֵי אֱמֶת (דבר)
think	חוֹשֵׁב (חשב)
love	אוֹהֵב (אהב)
asked	שָׁאַל
knew	יָדַע
eyes	עֵינַיִם
mouth	פֶּה
heart	לֵב

NEW WORDS

and he will receive	וִיקַבֵּל (קבל)
livelihood	פַּרְנָסָה
to blow (sound) the shofar	לִתְקוֹעַ בַּשּׁוֹפָר (תקע)
judgment	דִּין
believed	הֶאֱמִין (אמנ)

STORY READINESS

Write the 13 Hebrew words for the 13 English words. Write one Hebrew letter in each blank space leaving out the vowels.

1 believed ___ ___ ___ ___ ___ (1)

2 thinks ___ ___ ___ ___ (2)

3 judgment ___ ___ ___ (3)

4 with mercy ___ ___ ___ ___ ___ ___ (4)

5 livelihood ___ ___ ___ ___ ___ (5)

6 you will be ___ ___ ___ ___ (6)

7 and he will receive ___ ___ ___ ___ ___ (7)

8 love ___ ___ ___ ___ (8)

9 wise ___ ___ ___ (9)

10 knew ___ ___ ___ (10)

11 in the end ___ ___ ___ ___ (11)

12 asked ___ ___ ___ (12)

13 work ___ ___ ___ ___ (13)

Now write every letter that has a number under it in the 13 spaces. You will discover a Hebrew saying we find in the Talmud.

___ ___ ___ ___ ___ ___
6 5 4 3 2 1

___ ___ ___ ___ ___ ___ ___
13 12 11 10 9 8 7

אֶחָד בַּפֶּה וְאֶחָד בַּלֵּב

FROM THE SOURCES

He speaks one thing with his mouth and means something else in his heart.

(Talmud Pesaḥim 113B)

When talking to others, people often do not say what they are really thinking. But when we talk to God, our words must express what is in our hearts. רֹאשׁ הַשָּׁנָה gives us the opportunity to think about this and to speak to God with an honest heart.

Have there been times you said one thing but really thought something else? Are there times when this is the better course to follow? Is it always best to say exactly what is on your mind? Why?

Rosh Hashanah is called יוֹם תְּרוּעָה- *a Day of (Sounding the) Teruah.* It is a מִצְוָה, a commandment of God, "to hear the voice of the shofar" on רֹאשׁ הַשָּׁנָה. How can the voice of the שׁוֹפָר help us to speak to God on רֹאשׁ הַשָּׁנָה?

דִּבְרֵי אֱמֶת

רַבִּי לֵוִי יִצְחָק חַי בְּעִיר קְטַנָּה לִפְנֵי הַרְבֵּה שָׁנִים.
הָרַב הָיָה אִישׁ חָכָם שֶׁתָּמִיד אָהַב אֶת הָאֱמֶת.
הוּא הֶאֱמִין "עַל שְׁלֹשָׁה דְבָרִים הָעוֹלָם קַיָּם:
עַל הָאֱמֶת וְעַל הַדִּין וְעַל הַשָּׁלוֹם."

שָׁנָה אַחַת, לִפְנֵי רֹאשׁ הַשָּׁנָה,
הָרַב שָׁאַל אֶת הָאֲנָשִׁים בְּבֵית הַכְּנֶסֶת:
מִי רוֹצֶה לִתְקוֹעַ בַּשּׁוֹפָר בְּרֹאשׁ הַשָּׁנָה?

19

אִישׁ אֶחָד בָּא אֶל הָרַב וְאָמַר שֶׁהוּא רוֹצֶה לִתְקוֹעַ
בַּשּׁוֹפָר. הָרַב שָׁאַל אוֹתוֹ:
עַל מָה אַתָּה חוֹשֵׁב כַּאֲשֶׁר אַתָּה תּוֹקֵעַ בַּשּׁוֹפָר?
הָאִישׁ עָנָה: אֲנִי חוֹשֵׁב עַל תְּשׁוּבָה, עַל תְּפִלָּה וְעַל
צְדָקָה כַּאֲשֶׁר אֲנִי תּוֹקֵעַ בַּשּׁוֹפָר.
הָרַב רָאָה בָּעֵינַיִים שֶׁל הָאִישׁ שֶׁהוּא לֹא מְדַבֵּר
אֶת הָאֱמֶת.
הוּא מְדַבֵּר דָּבָר אֶחָד בַּפֶּה וְחוֹשֵׁב דָּבָר אֶחָד בַּלֵּב.
הָרַב אָמַר לוֹ: אַתָּה לֹא יָכוֹל לִהְיוֹת הַתּוֹקֵעַ.

אִישׁ שֵׁנִי בָּא אֶל הָרַב וְגַם הוּא אָמַר שֶׁרוֹצֶה
לִהְיוֹת הַתּוֹקֵעַ בַּשּׁוֹפָר. הָרַב שָׁאַל אוֹתוֹ:
עַל מָה אַתָּה חוֹשֵׁב כַּאֲשֶׁר אַתָּה תּוֹקֵעַ בַּשּׁוֹפָר?
גַּם הָאִישׁ הַזֶּה לֹא אָמַר דִּבְרֵי אֱמֶת. הוּא עָנָה:
אֲנִי חוֹשֵׁב עַל עַם יִשְׂרָאֵל. אֲנִי מִתְפַּלֵּל שֶׁה׳ יִשְׁמַע
אֶת קוֹל הַשּׁוֹפָר וִיקַבֵּל אֶת הַתְּפִילוֹת שֶׁלָּנוּ בְּרַחֲמִים.
רַבִּי לֵוִי יִצְחָק יָדַע שֶׁגַּם הָאִישׁ הַזֶּה לֹא מְדַבֵּר
אֶת הָאֱמֶת.
הוּא מְדַבֵּר דָּבָר אֶחָד בַּפֶּה וְחוֹשֵׁב דָּבָר אֶחָד בַּלֵּב.
הָרַב אָמַר לוֹ: אַתָּה לֹא תִּהְיֶה הַתּוֹקֵעַ בַּשּׁוֹפָר.

בָּא אִישׁ שְׁלִישִׁי אֶל הָרַב.
רַבִּי לֵוִי יִצְחָק שָׁאַל אוֹתוֹ:
עַל מָה אַתָּה חוֹשֵׁב
כַּאֲשֶׁר אַתָּה תּוֹקֵעַ בַּשּׁוֹפָר?
הָאִישׁ הַשְּׁלִישִׁי יָשַׁב וְחָשַׁב.
בַּסּוֹף עָנָה:
רַבִּי, כַּאֲשֶׁר אֲנִי תּוֹקֵעַ
בַּשּׁוֹפָר אֲנִי חוֹשֵׁב
עַל הַמִּשְׁפָּחָה שֶׁלִּי.
אֲנִי עוֹבֵד בַּיּוֹם וּבַלַּיְלָה.
אֲנִי מִתְפַּלֵּל שֶׁה׳ יִתֵּן לִי פַּרְנָסָה טוֹבָה.

כַּאֲשֶׁר הָרַב שָׁמַע אֶת דִּבְרֵי הָאִישׁ הַשְּׁלִישִׁי, יָדַע
שֶׁהָאִישׁ הַזֶּה מְדַבֵּר אֶת הָאֱמֶת וְאָמַר לוֹ:
אֲנִי אוֹהֵב אֶת הָאֱמֶת וְאַתָּה מְדַבֵּר דִּבְרֵי אֱמֶת.
בְּרֹאשׁ הַשָּׁנָה אַתָּה תִּהְיֶה הַתּוֹקֵעַ בַּשּׁוֹפָר בְּבֵית הַכְּנֶסֶת שֶׁלָּנוּ!

LESSON 2

אָנוּ עַמֶּךָ

We are your people

This *piyyut* is recited during the Selichot (סְלִיחוֹת) Service on Yom Kippur. We ask God to forgive our sins with the words: סְלַח לָנוּ. We pray that God will grant us atonement (כַּפֶּר לָנוּ). The poem emphasizes the special relationship between Israel and God. We (אָנוּ) are Your people (עַמֶּךָ) and You are our Ruler (מַלְכֵּנוּ).

1 אֱלֹהֵינוּ וֵאלֹהֵי אֲבוֹתֵינוּ, סְלַח לָנוּ, מְחַל לָנוּ, כַּפֶּר־לָנוּ.

2 כִּי אָנוּ עַמֶּךָ וְאַתָּה אֱלֹהֵינוּ.

3 אָנוּ בָנֶיךָ וְאַתָּה אָבִינוּ.

4 אָנוּ צֹאנֶךָ וְאַתָּה רוֹעֵנוּ.

5 אָנוּ כַרְמֶךָ וְאַתָּה נוֹטְרֵנוּ.

6 אָנוּ עַמֶּךָ וְאַתָּה מַלְכֵּנוּ.

TO HELP YOU UNDERSTAND

FAMILIAR WORDS

our ancestors	אֲבוֹתֵינוּ
grant us atonement, forgive us	כַּפֵּר לָנוּ
Your people	עַמֶּךָ (עַם)
our Ruler	מַלְכֵּנוּ (מלכ)
Your children	בָּנֶיךָ (בֵּן)
our Father	אָבִינוּ (אָב)
we	אָנוּ = אֲנַחְנוּ

NEW WORDS

forgive	סְלַח (סלח)
pardon	מְחַל (מחל)
Your flock (sheep)	צֹאנֶךָ
our Shepherd	רוֹעֵנוּ (רוֹעֶה)
Your vineyard	כַּרְמֶךָ (כֶּרֶם)
our Keeper, Guardian	נוֹטְרֵנוּ

עַל חֵטְא

In the **עַל חֵטְא** we ask forgiveness as a community for the sins we have committed.

1 עַל חֵטְא שֶׁחָטָאנוּ לְפָנֶיךָ בְּאֹנֶס וּבְרָצוֹן,
2 וְעַל חֵטְא שֶׁחָטָאנוּ לְפָנֶיךָ בְּבִטּוּי שְׂפָתָיִם.
3 וְעַל חֵטְא שֶׁחָטָאנוּ לְפָנֶיךָ בְּגָלוּי וּבַסָּתֶר.
4 עַל חֵטְא שֶׁחָטָאנוּ לְפָנֶיךָ בְּדִבּוּר פֶּה,
5 עַל חֵטְא שֶׁחָטָאנוּ לְפָנֶיךָ בְּהַרְהוֹר הַלֵּב,
6 עַל חֵטְא שֶׁחָטָאנוּ לְפָנֶיךָ בְּוִדּוּי פֶּה,
7 וְעַל חֵטְא שֶׁחָטָאנוּ לְפָנֶיךָ בְּזִלְזוּל הוֹרִים וּמוֹרִים.
8 וְעַל חֵטְא שֶׁחָטָאנוּ לְפָנֶיךָ בְּחֹזֶק יָד.
9 עַל חֵטְא שֶׁחָטָאנוּ לְפָנֶיךָ בְּטִפְּשׁוּת פֶּה,
10 וְעַל חֵטְא שֶׁחָטָאנוּ לְפָנֶיךָ בְּיוֹדְעִים וּבְלֹא יוֹדְעִים.
11 וְעַל כֻּלָּם, אֱלוֹהַּ סְלִיחוֹת, סְלַח־לָנוּ, מְחַל־לָנוּ, כַּפֶּר־לָנוּ.

TO HELP YOU UNDERSTAND

FAMILIAR WORDS

and willingly	וּבְרָצוֹן
speech	דִּבּוּר (דבר)
mouth	פֶּה
the heart	הַלֵּב
teachers	מוֹרִים
strength	חֹזֶק (חָזָק)
hand	יָד
know	יוֹדְעִים (ידע)
and for all of them	וְעַל כֻּלָּם (כל)

NEW WORDS

sin	חֵטְא
we sinned	חָטָאנוּ (חטא)

ASKING FOR FORGIVENESS

1. Why do we ask forgiveness for ourselves and for the entire community?

____

____

____

2. Write the Hebrew words that say:

forgive us ____________________

pardon us ____________________

grant us atonement ____________________

3. Write the number of the Hebrew phrase that means the same as the English.

____ By word of mouth

__1__ For the sin we committed before you

____ By means of violence (by strength of hand)

____ Knowingly and unknowingly

____ By disrespect for parents and teachers

____ With thoughts of the heart

1 עַל חֵטְא שֶׁחָטָאנוּ לְפָנֶיךָ

2 בְּדִבּוּר פֶּה

3 בְּהַרְהוֹר הַלֵּב

4 בְּזִלְזוּל הוֹרִים וּמוֹרִים

5 בְּחֹזֶק יָד

6 בְּיוֹדְעִים וּבְלֹא יוֹדְעִים

SUFFIX REVIEW: נוּ (we, our, us) ךָ (you, your)

Here are words found in the מַחֲזוֹר prayers:

1. Write the basic word in COLUMN 1.

2. Write the suffix that is attached to the word in COLUMN 2

3. Write the English meaning in COLUMN 3.

3 ENGLISH	2 SUFFIX	1 BASIC WORDS	בַּמַחֲזוֹר	
our Father	נוּ	אָב	אָבִינוּ	1
			לְפָנֶיךָ	2
			מַלְכֵּנוּ	3
			זָכְרֵנוּ	4
			בָּנֶיךָ	5
			כַּרְמֶךָ	6
			עַמֶּךָ	7
			רוֹעֵנוּ	8

TIC-TAC-TOE

אָ______	עַמֵּ______	נוֹטְרֵ______
רוֹעֵ______	מַלְכֵּ נוּ	כַּרְמֵ______
צֹאנֶ______	בָּנֶי______	אָבִי______

Complete the Tic-Tac-Toe grid by adding the correct suffix (our נוּ, your ךָ) to each word.

______	______	______
______	our Ruler	______
______	______	______

MATCHING GRIDS

Write the English for each Hebrew word.

GAME TIME

Play Tic-Tac-Toe with either the Hebrew or the English grid. Read the word and give its English or Hebrew meaning before placing your mark in the box.

SENSIBLE SENTENCES

Write the Hebrew words that will make the Hebrew sentences mean the same as the English.

We are **Your people** and You are **our Ruler.**

1 אָנוּ ___עַמֶּךָ___ וְאַתָּה ______________.

We are **Your children** and You are **our Father.**

2 אָנוּ ______________ וְאַתָּה ______________.

We are **Your flock** and You are **our Shepherd.**

3 אָנוּ ______________ וְאַתָּה ______________.

We are **Your vineyard** and You are **our guardian.**

4 אָנוּ ______________ וְאַתָּה ______________.

צֹאנְךָ
מַלְכֵּנוּ
כַּרְמְךָ
עַמְּךָ
אָבִינוּ
נוֹטְרֵנוּ
בָּנֶיךָ
רוֹעֵנוּ

FROM THE SOURCES

דַע מַה לְמַעְלָה מִמְּךָ: עַיִן רוֹאָה וְאֹזֶן שׁוֹמַעַת וְכָל מַעֲשֶׂיךָ בַּסֵּפֶר נִכְתָּבִים.

Know what is above you: a seeing eye and a hearing ear and all your actions are written in a book.

(Pirke Avot 2:1)

God is above us, guiding and judging us in many ways: as our King (מַלְכֵּנוּ), our Father (אָבִינוּ), our Shepherd (רוֹעֵנוּ) and our Guardian (נוֹטְרֵנוּ). Each of these relationships is highlighted in the prayer כִּי אָנוּ עַמֶּךָ which we read on Yom Kippur, the Day of Atonement.

The Hebrew word to pray, לְהִתְפַּלֵּל, actually means to judge oneself. When we read and understand a prayer, we are able to more clearly judge and evaluate our behavior. How do you know if you have improved your actions?

STORY WORDS

WORDS YOU KNOW		
	on the way (road)	בַּדֶּרֶךְ
	to take	לָקַחַת (לקח)
	to see	לִרְאוֹת (ראה)
	to call	לִקְרוֹא (קרא)
	went out	יָצָא (יצא)
	looked at, to look at	הִבִּיטָה, לְהַבִּיט
	out loud	בְּקוֹל (קול)
	guards	שׁוֹמֶרֶת (שמר)

NEW WORDS		
	someone	מִישֶׁהוּ
	vineyard	כֶּרֶם
	grapes	עֲנָבִים
	they passed	עָבְרוּ (עבר)
	quickly	מַהֵר
	me	אוֹתִי
	quietly	בְּשֶׁקֶט

STORY READINESS

עֲנָבִים
_____

בְּקוֹל
_____

לִרְאוֹת
_____

כֶּרֶם
_____

הִבִּיטָה
_____

בַּדֶּרֶךְ
1
_____

שׁוֹמֶרֶת
_____

מִישֶׁהוּ
_____

יָצָא
_____

עָבְרוּ
_____

לָקַחַת
_____

בְּשֶׁקֶט
_____

The story you are about to read takes place in a vineyard (כֶּרֶם). Match each English word with a Hebrew word growing on the grapes.

1 on the way **2** vineyard **3** they passed

4 to see **5** guard **6** someone

7 quietly **8** out loud **9** grapes

10 to take **11** went out **12** looked out

מִישֶׁהוּ רוֹאֶה

לֵאָה וְדָוִד הָלְכוּ לִירוּשָׁלַיִם.
בַּדֶּרֶךְ הֵם עָבְרוּ עַל־יַד כֶּרֶם.

דָּוִד אָמַר: יֵשׁ הַרְבֵּה עֲנָבִים בַּכֶּרֶם הַזֶּה.
אֲנִי רוֹצֶה לֶאֱכֹל עֲנָבִים אֲחָדִים (few).
הַאִם אַתְּ רוֹצָה עֲנָבִים גַּם כֵּן?

לֵאָה אָמְרָה: לֹא. הָעֲנָבִים הֵם שֶׁל בַּעַל (owner)
הַכֶּרֶם. אֲנַחְנוּ לֹא יְכוֹלִים לָקַחַת אוֹתָם.

אָמַר דָוִד: בַּעַל הַכֶּרֶם לֹא פֹּה עַכְשָׁו וְהוּא לֹא יָכוֹל לִרְאוֹת אוֹתָנוּ.
אֲנִי רוֹצֶה לָקַחַת עֲנָבִים אֲחָדִים וְאַתְּ יְכוֹלָה לִהְיוֹת הַשּׁוֹמֶרֶת.
אִם אַתְּ רוֹאָה מִישֶׁהוּ בָּא, בְּבַקָּשָׁה לִקְרוֹא בְּקוֹל:
מִישֶׁהוּ רוֹאֶה!

לֵאָה אָמְרָה: זֶה לֹא יָפֶה. הֵם לֹא הָעֲנָבִים שֶׁלְּךָ.
הֵם הָעֲנָבִים שֶׁל בַּעַל הַכֶּרֶם.

דָוִד לֹא שָׁמַע לְדִבְרֵי לֵאָה. הוּא הָלַךְ לַכֶּרֶם.
פִּתְאֹם (suddenly), דָוִד שָׁמַע אֶת קוֹל לֵאָה: מִישֶׁהוּ רוֹאֶה!
דָוִד זָרַק (threw) אֶת הָעֲנָבִים עַל הָאֲדָמָה וְיָצָא מַהֵר מִן הַכֶּרֶם.

לֵאָה וְדָוִד הָלְכוּ בְּשֶׁקֶט לִירוּשָׁלַיִם.

בַּלַּיְלָה, שָׁאַל דָּוִד:
הַאִם בַּעַל הַכֶּרֶם רָאָה אוֹתִי?

לֵאָה עָנְתָה: לֹא.

שָׁאַל דָּוִד עוֹד (more):
מִי הָיָה בַּכֶּרֶם? מִי רָאָה אוֹתִי?

לֵאָה הִבִּיטָה לַשָּׁמַיִם וְאָמְרָה:
"דַּע (know) מַה לְמַעְלָה מִמְּךָ (above you)".
תָּמִיד יֵשׁ מִישֶׁהוּ שֶׁרוֹאֶה אוֹתְךָ.
יֵשׁ "עַיִן רוֹאָה וְאֹזֶן שׁוֹמַעַת
וְכָל מַעֲשֶׂיךָ בַּסֵּפֶר נִכְתָּבִים."
וְעוֹד אָמְרָה: תָּמִיד יֵשׁ מִישֶׁהוּ שֶׁרוֹאֶה אֶת מַעֲשֶׂיךָ –
הַקָּדוֹשׁ בָּרוּךְ הוּא.

35

LESSON 3

כִּי הִנֵּה כַּחֹמֶר

Like the clay

This *piyyut* is from the סְלִיחוֹת section (Prayers of Forgiveness) in the מַחֲזוֹר. The poem emphasizes our dependence on God. Each stanza begins with the words כִּי הִנֵּה. We are compared to objects formed by the hands of human crafters. We are compared to the clay (חֹמֶר) in the hands of the potter (הַיּוֹצֵר), the stone (הָאֶבֶן) in the hands of the mason (הַמְסַתֵּת), the iron (הַגַּרְזֶן) in the hands of the blacksmith (הֶחָרָשׁ), and the rudder (הַהֶגֶה) in the hands of the sailor (הַמַּלָּח).

1 כִּי הִנֵּה כַּחֹמֶר בְּיַד הַיּוֹצֵר, בִּרְצוֹתוֹ מַרְחִיב וּבִרְצוֹתוֹ מְקַצֵּר.
2 כֵּן אֲנַחְנוּ בְיָדְךָ חֶסֶד נוֹצֵר, לַבְּרִית הַבֵּט וְאַל תֵּפֶן לַיֵּצֶר.

3 כִּי הִנֵּה כָּאֶבֶן בְּיַד הַמְסַתֵּת, בִּרְצוֹתוֹ אוֹחֵז וּבִרְצוֹתוֹ מְכַתֵּת.
4 כֵּן אֲנַחְנוּ בְיָדְךָ מְחַיֶּה וּמְמוֹתֵת, לַבְּרִית הַבֵּט וְאַל תֵּפֶן לַיֵּצֶר.

5 כִּי הִנֵּה כַּגַּרְזֶן בְּיַד הֶחָרָשׁ, בִּרְצוֹתוֹ דִּבֵּק לָאוּר וּבִרְצוֹתוֹ פֵּרַשׁ.
6 כֵּן אֲנַחְנוּ בְיָדְךָ תּוֹמֵךְ עָנִי וָרָשׁ, לַבְּרִית הַבֵּט וְאַל תֵּפֶן לַיֵּצֶר.

7 כִּי הִנֵּה כַּהֶגֶה בְּיַד הַמַּלָּח, בִּרְצוֹתוֹ אוֹחֵז וּבִרְצוֹתוֹ שִׁלַּח.
8 כֵּן אֲנַחְנוּ בְיָדְךָ אֵל טוֹב וְסַלָּח, לַבְּרִית הַבֵּט וְאַל תֵּפֶן לַיֵּצֶר.

TO HELP YOU UNDERSTAND

FAMILIAR WORDS		
so (as) are we		כֵּן אֲנַחְנוּ
create		יוֹצֵר (יצר)
at His will, desire		בִּרְצוֹתוֹ, וּבִרְצוֹתוֹ (רצה)
in the hand of, in Your hand		בְּיַד, בְּיָדְךָ (יָד)
kindness		חֶסֶד
covenant		בְּרִית
look at, consider		הַבֵּט (נבט)
gives life		מְחַיֶּה (חי)
poor person		עָנִי
forgiving		סַלָּח (סלח)

NEW WORDS		
clay		חֹמֶר
stone		אֶבֶן

ASPECTS OF GOD

Match the underlined Hebrew words to the English equivalent.

Each line below begins with the same words: כֵּן אֲנַחְנוּ בְּיָדְךָ (so are we in Your hand). Each line refers to a Divine quality.

____ God (who is) good and forgiving

____ Supporter of the poor and deprived

__1__ God of kindness

____ God gives life and death

1 כֵּן אֲנַחְנוּ בְּיָדְךָ <u>חֶסֶד נוֹצֵר</u>

2 כֵּן אֲנַחְנוּ בְּיָדְךָ <u>מְחַיֶּה וּמְמוֹתֵת</u>

3 כֵּן אֲנַחְנוּ בְּיָדְךָ <u>תּוֹמֵךְ עָנִי וָרָשׁ</u>

4 כֵּן אֲנַחְנוּ בְּיָדְךָ <u>אֵל טוֹב וְסַלָּח</u>

הַבְּרִית

The Covenant

The covenant, בְּרִית, is the agreement God made with the Jewish people. Yom Kippur is a Day of Judgment. At the conclusion of each verse of the prayer כִּי הִנֵּה כַּחֹמֶר we ask God to remember the בְּרִית made with our ancestors at Mount Sinai long ago.

Complete this sentence which concludes each verse in the *piyyut*.

לַ__________ הַבֵּט וְאַל תֵּפֶן לַיֵּצֶר

Remember Your covenant and not our imperfection.

We are not sure where הַר סִינַי (Mount Sinai) is, but legend says it is located in this mountain range in southern Sinai. For hundreds of years people have come to this ragged mountaintop in the desert, believing that this is the place where Moses received עֲשֶׂרֶת הַדִּבְּרוֹת (The Ten Commandments).

RELATED WORDS

Circle the related words in the corresponding numbered phrases.

These phrases are found in prayers you know.	These phrases are found in כִּי הִנֵּה כַּחֹמֶר.
1 אֱלֹהִים בְּרֹב חַסְדֶּךָ	1 בְּיָדְךָ חֶסֶד נוֹצֵר
2 בָּרוּךְ אַתָּה יְיָ מְחַיֵּה הַמֵּתִים (הַכֹּל).	2 מְחַיֶּה וּמְמוֹתֵת
3 שִׂים שָׁלוֹם טוֹבָה וּבְרָכָה	3 אֵל טוֹב וְסַלָּח
4 נָבִיא וּמַבִּיט אֶת תְּמוּנָתוֹ	4 לַבְּרִית הַבֵּט
5 בָּרוּךְ אַתָּה יְיָ יוֹצֵר הַמְּאוֹרוֹת.	5 כִּי הִנֵּה כַּחֹמֶר בְּיַד הַיּוֹצֵר
6 כַּכָּתוּב עַל יַד נְבִיאֶךָ	6 כֵּן אֲנַחְנוּ בְּיָדְךָ

Which two phrases are found in verse 1 in כִּי הִנֵּה כַּחֹמֶר?

____ # ____

Which phrase is found in all four verses? # ____

CHALLENGE

Write the English meaning of the words you circled.

1 kindness

2 ____

3 ____

4 ____

5 ____

6 ____

CREATIVE HANDS

Write the correct Hebrew word on each hand.

בְּרִית חֹמֶר עָנִי חֵטְא אֶבֶן סְלַח

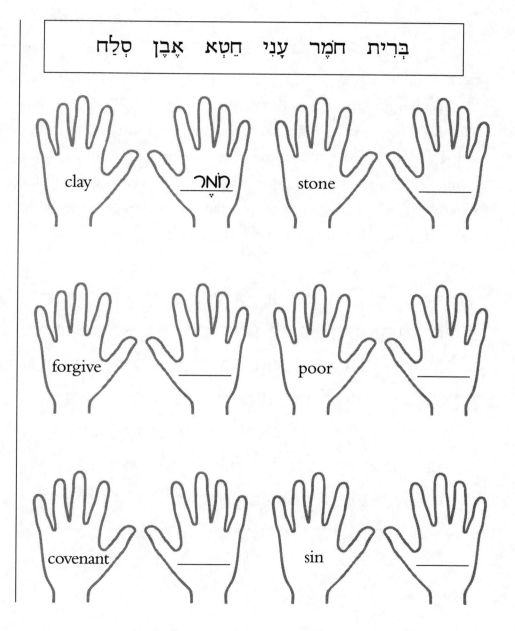

clay

חֹמֶר

stone

_____

forgive

_____

poor

_____

covenant

_____

sin

_____

הִנְנִי הֶעָנִי מִמַּעַשׂ

Here I am, poor in deeds

The Hineni prayer (הִנְנִי) is chanted by the cantor before the beginning of the Musaf Amidah on רֹאשׁ הַשָּׁנָה and יוֹם כִּפּוּר. In this prayer, the cantor, with deep humility, addresses God: I feel unworthy to represent the congregation and I stand trembling before You, God. Please accept the prayers I am about to chant on behalf of Your people Israel. May they be acceptable to You and may they be successfully answered.

הִנְנִי הֶעָנִי מִמַּעַשׂ, נִרְעָשׁ וְנִפְחָד מִפַּחַד יוֹשֵׁב תְּהִלּוֹת יִשְׂרָאֵל. בָּאתִי לַעֲמֹד וּלְחַנֵּן לְפָנֶיךָ עַל עַמְּךָ יִשְׂרָאֵל אֲשֶׁר שְׁלָחוּנִי, אַף עַל פִּי שֶׁאֵינִי כְדַי וְהָגוּן לְכָךְ. עַל כֵּן אֲבַקֶּשְׁךָ, אֱלֹהֵי אַבְרָהָם אֱלֹהֵי יִצְחָק וֵאלֹהֵי יַעֲקֹב, יְיָ יְיָ אֵל רַחוּם וְחַנּוּן, אֱלֹהֵי יִשְׂרָאֵל, שַׁדַּי אָיֹם וְנוֹרָא: הֱיֵה נָא מַצְלִיחַ דַּרְכִּי אֲשֶׁר אָנֹכִי הוֹלֵךְ לַעֲמֹד לְבַקֵּשׁ רַחֲמִים עָלַי וְעַל שׁוֹלְחָי... כִּי אַתָּה שׁוֹמֵעַ תְּפִלַּת עַמְּךָ יִשְׂרָאֵל בְּרַחֲמִים. בָּרוּךְ אַתָּה שׁוֹמֵעַ תְּפִלָּה.

TO HELP YOU UNDERSTAND

FAMILIAR WORDS

the poor	הֶעָנִי (עָנִי)
I have come	בָּאתִי (בוא)
to stand	לַעֲמֹד (עמד)
who have sent me	שְׁלָחוּנִי (שלח)
(who) sent me	שׁוֹלְחָי (שלח)
I am not	שֶׁאֵינִי = שֶׁאֵין אֲנִי
merciful	רַחוּם (רחם)
mercy	רַחֲמִים (רחם)
my way	דַּרְכִּי = הַדֶּרֶךְ שֶׁלִּי
me	אָנֹכִי = אֲנִי
the prayer of	תְּפִלַּת = הַתְּפִלָּה שֶׁל
hear, listen	שׁוֹמֵעַ (שמע)

NEW WORDS

I will plead with you	אֲבַקֶּשְׁךָ (בקש)
to plead, request	לְבַקֵּשׁ (בקש)
successful	מַצְלִיחַ

ROOTS

1. Match the root
letters (שֹׁרֶשׁ) to
a word in
הִנְנִי הֶעָנִי מִמַּעַשׂ.

2. Write the word
next to the שֹׁרֶשׁ.

3. Write the
English meaning
of the שֹׁרֶשׁ.

לַעֲמֹד בָּאתִי הוֹלֵךְ שְׁלָחוּנִי

יוֹשֵׁב לְבַקֵּשׁ שׁוֹמֵעַ

come	בָּאתִי	(בוא) 1
		(שלח) 2
		(ישׁב) 3
		(הלך) 4
		(בקשׁ) 5
		(עמד) 6
		(שמע) 7

PHRASE MATCH

Write the number of the Hebrew phrase next to the English phrase that has the same meaning.

____ God (who is) merciful and gracious

____ Let my way (quest) be successful

____ Because You hear the prayer of Your people

____ I have come to stand and plead before You

____ To stand and plead for mercy

____ For Your people Israel who have sent me

__1__ Here I am, poor in deeds

____ Therefore, I plead with you

1 הִנְנִי הֶעָנִי מִמַּעַשׂ

2 בָּאתִי לַעֲמֹד וּלְחַנֵּן לְפָנֶיךָ

3 עַל עַמְּךָ יִשְׂרָאֵל אֲשֶׁר שְׁלָחוּנִי

4 עַל כֵּן אֲבַקֶּשְׁךָ

5 אֵל רַחוּם וְחַנּוּן

6 הֱיֵה נָא מַצְלִיחַ דַּרְכִּי

7 לַעֲמֹד לְבַקֵּשׁ רַחֲמִים

8 כִּי אַתָּה שׁוֹמֵעַ תְּפִלַּת עַמְּךָ

FROM THE SOURCES

שְׂכַר מִצְוָה מִצְוָה

The reward of a Mitzvah is a Mitzvah

(Pirke Avot 4:2)

One way to perfect ourselves is to work to improve the lives of others without concern as to how we may directly benefit. We then fulfill the מִצְוָה for its own sake. Doing good is itself the reward - it is simply the right thing to do. The Hebrew term for *justice* and *righteousness* is צְדָקָה. In the coming year think about מִצְוֹת you can perform which will help others better their lives. Consider whether you will fulfill the מִצְוָה for its own sake or for public recognition of your service.

Physical, mental and emotional changes can make elderly people depressed. What can we do to let them know that we care?

STORY WORDS

WORDS YOU KNOW

strength	כֹּחַ
received	קִבְּלוּ (קבל)
took	לָקְחָה (לקח)
full	מָלֵא
old	זָקֵן, זְקֵנָה
helped	עָזְרָה (עזר)
returned	שָׁבָה (שוב)

NEW WORDS

deeds of loving kindness	גְמִילוּת חֲסָדִים
to fulfill a Mitzvah	לְקַיֵם מִצְוָה
fulfilling a Mitzvah	קִיוּם מִצְוָה
tired	עָיֵף, עֲיֵפָה
jug(s)	כַּד, כַּדִים
parents	הוֹרִים
to bring	לְהָבִיא
brought	הֵבִיאָה, הֵבִיאוּ
reward	שָׂכָר
lived, dwelled	גָרוּ (גור)
together	יַחַד
women, woman	נָשִׁים, אִשָּׁה

STORY READINESS

כֹּחַ

עֶזְרָה

כַּד
jug

שָׂכָר

נָשִׁים

זְקֵנָה

קִבְּלוּ

הוֹרִים

עֵיפָה

Unscramble the English words to find the meaning of the Hebrew in each jug. Write the English meaning under the correct Hebrew word.

diret	ugj	civerdee	napetrs
nomew	ldepeh	genstrht	dlo
ardwre			

הַשָּׂכָר שֶׁל קִיּוּם מִצְוָה

שָׂרָה וְדָנָה, הַבַּת שֶׁלָּהּ, גָּרוּ בְּעִיר קְטַנָּה.
בָּעִיר הַזֹּאת הָיָה בֵּית־יְתוֹמִים (orphanage). הַרְבֵּה יְלָדִים גָּרוּ שָׁם.
שָׂרָה עָזְרָה לַיְלָדִים כִּי לֹא הָיוּ לָהֶם הוֹרִים.
הִיא אָהֲבָה לְקַיֵּם אֶת מִצְוַת גְּמִילוּת חֲסָדִים.

כָּל יוֹם, שָׂרָה הֵבִיאָה כַּד מָלֵא חָלָב (milk) לַיְלָדִים בְּבֵית־הַיְתוֹמִים.
הַכַּד הָיָה גָּדוֹל וְכָבֵד (and heavy). אַחֲרֵי שֶׁשָּׂרָה נָתְנָה אֶת הֶחָלָב
לַיְלָדִים, הִיא עָזְרָה לָהֶם לִלְמֹד תּוֹרָה. כָּל יוֹם הִיא שָׁבָה לַבַּיִת עֲיֵפָה
אֲבָל שְׂמֵחָה כִּי עָזְרָה לַיְתוֹמִים (orphans).

עָבְרוּ שָׁנִים וְשָׂרָה הָיְתָה לְאִשָּׁה זְקֵנָה וַעֲיֵפָה. דָּנָה, הַבַּת שֶׁל שָׂרָה, גָּדְלָה וְהָיְתָה לְאִשָּׁה עִם לֵב טוֹב כְּמוֹ הָאֵם שֶׁלָּהּ. גַּם דָּנָה אָהֲבָה לְקַיֵּם אֶת מִצְוַת גְּמִילוּת חֲסָדִים.

דָּנָה רָאֲתָה שֶׁהָאֵם שֶׁלָּהּ זְקֵנָה וְאֵין לָהּ כֹּחַ לְהָבִיא כַּד גָּדוֹל וְכָבֵד מָלֵא חָלָב לַיְלָדִים.
הִיא חָשְׁבָה: אֲנִי צְעִירָה (young) וְיֵשׁ לִי הַכֹּחַ לְהָבִיא אֶת הֶחָלָב לַיְלָדִים לְבַדִּי (by myself) אֲבָל גַּם אִמָּא רוֹצָה לְקַיֵּם אֶת הַמִּצְוָה.

מֶה עָשְׂתָה דָּנָה?

50

הִיא לָקְחָה שְׁנֵי כַּדִּים קְטַנִּים, נָתְנָה כַּד אֶחָד לָאֵם וְלָקְחָה אֶת הַכַּד הַשֵּׁנִי. הַנָּשִׁים הָלְכוּ יַחַד וְהֵבִיאוּ אֶת הֶחָלָב לַיְלָדִים בְּבֵית־הַיְתוֹמִים וְלָמְדוּ (taught) אוֹתָם תּוֹרָה.

כָּכָה (thus) כִּבְּדָה (honored) דָּנָה אֶת הָאֵם שֶׁלָּהּ וְנָתְנָה לָאֵם חֵלֶק (part) בְּקִיּוּם מִצְוַת גְּמִילוּת חֲסָדִים וְהָאֵם וְהַבַּת הַצַּדִּיקוֹת (righteous) קִבְּלוּ אֶת הַשָּׂכָר שֶׁל קִיּוּם מִצְוָה.

LESSON 4

שְׁמַע קוֹלֵנוּ

Hear our voice

In the prayer which begins with the words שְׁמַע קוֹלֵנוּ, we ask God to listen to our prayers and accept them compassionately. Lines four and five of this prayer are particularly stirring verses. In them, we ask God not to cast us aside (אַל תַּשְׁלִיכֵנוּ) nor to forsake us when we are old and weak.

1   שְׁמַע קוֹלֵנוּ, יְיָ אֱלֹהֵינוּ, חוּס וְרַחֵם עָלֵינוּ,

2   וְקַבֵּל בְּרַחֲמִים וּבְרָצוֹן אֶת־תְּפִלָּתֵנוּ.

3   הֲשִׁיבֵנוּ יְיָ אֵלֶיךָ וְנָשׁוּבָה, חַדֵּשׁ יָמֵינוּ כְּקֶדֶם.

4   אַל תַּשְׁלִיכֵנוּ מִלְּפָנֶיךָ, וְרוּחַ קָדְשְׁךָ אַל תִּקַּח מִמֶּנּוּ.

5   אַל תַּשְׁלִיכֵנוּ לְעֵת זִקְנָה, כִּכְלוֹת כֹּחֵנוּ אַל תַּעַזְבֵנוּ.

6   אַל תַּעַזְבֵנוּ, יְיָ אֱלֹהֵינוּ, אַל תִּרְחַק מִמֶּנּוּ.

7   כִּי לְךָ יְיָ הוֹחָלְנוּ, אַתָּה תַעֲנֶה, אֲדֹנָי אֱלֹהֵינוּ.

TO HELP YOU UNDERSTAND

FAMILIAR WORDS

hear	שְׁמַע (שמע)
our voice	קוֹלֵנוּ (קוֹל)
and have mercy	וְרַחֵם (רחמ)
with mercy	בְּרַחֲמִים
and receive	וְקַבֵּל (קבל)
return us	הֲשִׁיבֵנוּ (שׁוּב)
and we shall return	וְנָשׁוּבָה
renew	חַדֵּשׁ (חדשׁ)
our days	יָמֵינוּ (יוֹם)
Your holiness	קָדְשְׁךָ (קדשׁ)
do not take	אַל תִּקַּח (לקח)
old age	זִקְנָה (זָקֵן)
our strength	כֹּחֵנוּ (כֹּחַ)
You will answer	תַעֲנֶה (ענה)

NEW WORDS

do not, don't	אַל
do not cast us aside	אַל תַּשְׁלִיכֵנוּ (שׁלכ)
do not abandon us	אַל תַּעַזְבֵנוּ (עזב)

WORD BUILDING

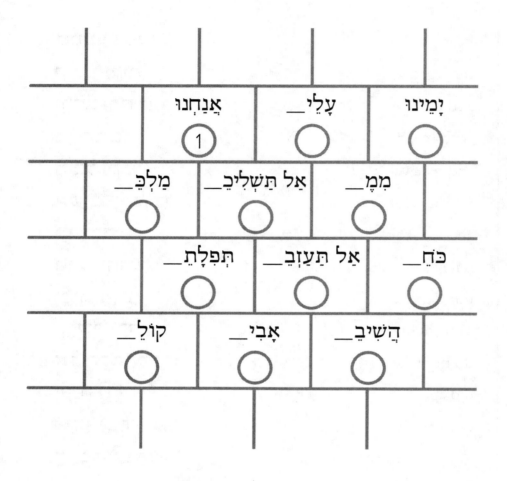

Complete the wall by adding the suffix נוּ (we, us, our) to each word. Then select the English meaning for each word and write the number on the correct brick.

יָמֵינוּ ◯	עָלֵי__ ◯	אֲנַחְנוּ (1)
מִמֶּ__ ◯	אַל תַּשְׁלִיכֵ__ ◯	מַלְכֵּ__ ◯
כֹּחֵ__ ◯	אַל תַּעַזְבֵ__ ◯	תְּפִלָּתֵ__ ◯
הֲשִׁיבֵ__ ◯	אָבִי__ ◯	קוֹלֵ__ ◯

---

1 we	**2** our days	**3** upon us
4 from us	**5** our Father	**6** do not abandon us
7 our prayer	**8** return us	**9** do not cast us aside
10 our voice	**11** our King	**12** our strength

PHRASE MATCH

Write the number of the Hebrew phrase next to the English phrase that means the same thing.

Because we pray for the entire community, many words in the מַחֲזוֹר conclude with the suffix נוּ. Here are phrases from prayers you know.

1 אֱלֹהֵינוּ וֵאלֹהֵי אֲבוֹתֵינוּ

2 אָנוּ עַמֶּךָ וְאַתָּה מַלְכֵּנוּ

3 עַל חֵטְא שֶׁחָטָאנוּ

4 חַדֵּשׁ יָמֵינוּ כְּקֶדֶם

5 אָנוּ בָנֶיךָ וְאַתָּה אָבִינוּ

6 אַל תַּשְׁלִיכֵנוּ

7 שְׁמַע קוֹלֵנוּ

8 אַל תַּעַזְבֵנוּ

_____ do not abandon us

_____ we are Your people and You are our Ruler

_____ do not cast us aside

_____ for the sin we have sinned

_1__ our God and God of our ancestors

_____ we are Your children and You are our Father

_____ hear our voice

_____ renew our days as in the past

שְׁמַע!

To hear is to do more than simply listen. To hear is to think about and to consider. To hear is to open our minds and hearts to the words, the music and the sounds which surround us. We, the people Israel, hear when we recite שְׁמַע יִשְׂרָאֵל. We ask God to hear our voice when we recite שְׁמַע קוֹלֵנוּ. When we hear the voice of the shofar calling us to examine our own actions, we ask too that God hear the voice of the shofar with compassion.

1 שְׁמַע יִשְׂרָאֵל ה׳ אֱלֹהֵינוּ ה׳ אֶחָד.

2 שְׁמַע קוֹלֵנוּ ה׳ אֱלֹהֵינוּ חוּס וְרַחֵם עָלֵינוּ.

3 כִּי אַתָּה שׁוֹמֵעַ קוֹל שׁוֹפָר וּמַאֲזִין תְּרוּעָה.

4 בָּרוּךְ אַתָּה יְיָ שׁוֹמֵעַ קוֹל תְּרוּעַת עַמּוֹ יִשְׂרָאֵל בְּרַחֲמִים.

Match the Hebrew verse with the English meaning.

____ Praised are You, God, who hears the voice of the shofar of His people Israel with compassion.

____ Hear our voice, Lord our God, and have mercy upon us.

_1_ Hear, O Israel the Lord our God, the Lord is One.

____ For You hear the voice of the shofar and listen to its call.

A VERSE FROM THE PRAYER

הֲשִׁיבֵנוּ יְיָ אֱלֹהֵינוּ וְנָשׁוּבָה, חַדֵּשׁ יָמֵינוּ כְּקֶדֶם

Return us Adonai our God and we shall return,
renew our days as in the past

The Hebrew word for *repentance,* תְּשׁוּבָה, also means *return.*

הֲשִׁיבֵנוּ יְיָ אֱלֹהֵינוּ וְנָשׁוּבָה

Return us Adonai our God and we shall return (repent).

At this time we ask that God help us fulfill our desire to return to God's teachings, that is, to *repent.*

חֶסֶד means "kindness." גְּמִילוּת חֲסָדִים is the performance of kind deeds. Visiting a home for the aging allows us to share the joys of חֶסֶד with older people. A visit just before רֹאשׁ הַשָּׁנָה can be especially rewarding. Is there a home for the aging in your community?

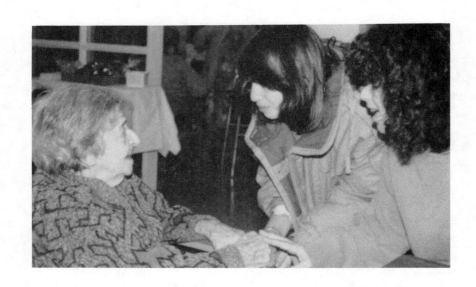

CONNECTIONS

Connect each root with its English meaning.

rule	(יצר)	have mercy	(שׁמע)
atone	(שׁלח)	write	(קבל)
create	(מלכ)	receive	(כּתב)
send	(כּפּר)	hear	(רחם)

---

request	(ענה)	want	(לקח)
make holy	(פלל)	forgive	(תקע)
answer	(בקשׁ)	sound	(רצה)
pray	(קדשׁ)	take	(סלח)

BINGO

Match each English word with a Hebrew word on the bingo card. Write the number of the English word in the correct space.

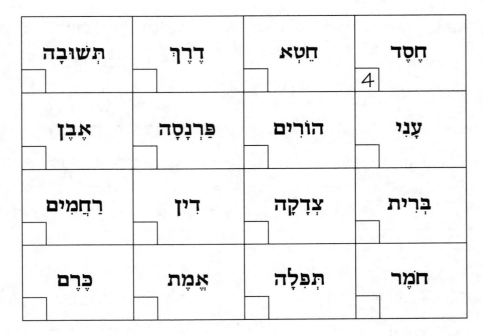

תְּשׁוּבָה	דֶּרֶךְ	חֵטְא	חֶסֶד 4
אֶבֶן	פַּרְנָסָה	הוֹרִים	עָנִי
רַחֲמִים	דִּין	צְדָקָה	בְּרִית
כֶּרֶם	אֱמֶת	תְּפִלָּה	חֹמֶר

1. repentance
2. sin
3. parents
4. kindness
5. vineyard
6. livelihood
7. righteous acts
8. poor
9. prayer
10. judgment
11. clay
12. truth
13. covenant
14. way
15. mercy
16. stone

STORY WORDS

made	עָשָׂה, עָשׂוּ (עשה)	WORDS YOU KNOW
honored	כִּבְּדוּ (כָּבוֹד)	
fell	נָפְלָה (נפל)	
new	חֲדָשָׁה (חדש)	
answered	עָנָה, עָנְתָה (ענה)	

for, for you (f)	בִּשְׁבִיל, בִּשְׁבִילֵךְ	NEW WORDS
understood	הֵבִין, הֵבִינוּ	
holiday	חַג	
all of them	כֻּלָּם	
wood, tree	עֵץ	
once, once more	פַּעַם, עוֹד פַּעַם	
plate, bowl	קְעָרָה, קְעָרוֹת	
slowly	לְאַט לְאַט	

STORY READINESS

Here are twelve Hebrew words that appear in the story. Find the English meaning of each Hebrew word in the puzzle and lightly shade in each word. The English words appear from left to right or from top to bottom. *Hint:* Sometimes letters found in one word are part of another word.

1	עָשָׂה	5	עָנָה
2	כָּבוֹד	6	בִּשְׁבִיל
3	נָפְלָה	7	הֵבִין
4	חֲדָשָׁה	8	חַג
9	עֵץ	11	קְעָרָה
10	פַּעַם	12	לְאַט לְאַט

1	M	U	H	O	F	N	O	R
2	A	N	S	W	E	R	E	D
3	D	D	L	P	L	A	T	E
4	E	E	O	Y	L	O	U	R
5	F	R	W	H	O	N	O	R
6	A	S	L	O	T	H	N	E
7	R	T	Y	L	A	N	C	D
8	Y	O	F	I	O	U	E	R
9	W	O	O	D	M	O	T	H
10	E	D	R	A	R	N	E	W
11	E	X	O	Y	D	U	S	20

Now take the letters that remain unshaded and write them in the spaces. (The numbers under the spaces tell you the puzzle row from which the letters come.)

H __ __ __ __ __ __ __ __ __
 1 1 1 1 1 4 4 4 4

__ __ __ __ __ __ __ __ __
 5 6 6 6 6 7 7 7 7

__ __ __ __
 8 8 8 8

__ __ __ __ __ __
 9 9 9 9 10 10

E __ __ __ __ __ __ : __
 11 11 11 11 11 11   11

You have spelled out one of the Ten Commandments and the name of the book and chapter where the commandment is found in the Bible.

FROM THE SOURCES

כַּבֵּד אֶת אָבִיךָ וְאֶת אִמֶּךָ

Honor your father and your mother

(Exodus 20:12)

What actions can you take to honor your parents?
You will now read a story where a girl teaches her parents a lesson about honor.

קְעָרָה שֶׁל עֵץ

רָחֵל אָהֲבָה אֶת סַבָּא יְהוֹשֻׁעַ. סַבָּא יְהוֹשֻׁעַ גָּר יַחַד עִם רָחֵל וְהַהוֹרִים שֶׁלָּהּ.
סַבָּא יְהוֹשֻׁעַ הָיָה אִישׁ זָקֵן. לְסַבָּא יְהוֹשֻׁעַ לֹא הָיָה כֹּחַ.
הוּא הָלַךְ לְאַט לְאַט וְאָכַל לְאַט לְאַט כִּי הַיָּדַיִם שֶׁלּוֹ רָעֲדוּ (trembled).

פַּעַם, בְּלֵיל שַׁבָּת, סַבָּא יְהוֹשֻׁעַ, רָחֵל וְהַהוֹרִים שֶׁלָּהּ יָשְׁבוּ עַל־יַד
הַשֻּׁלְחָן בַּחֲדַר הָאֹכֶל וְאָכְלוּ. סַבָּא יְהוֹשֻׁעַ לָקַח כּוֹס מַיִם.
הַכּוֹס נָפְלָה וְנִשְׁבְּרָה (was broken). כֻּלָּם רָאוּ שֶׁהַיָּדַיִם שֶׁל סַבָּא
רָעֲדוּ אֲבָל לֹא אָמְרוּ דָּבָר כִּי לֹא רָצוּ לְבַיֵּשׁ (to embarrass) אוֹתוֹ.

פַּעַם אַחֶרֶת (another time) בְּלֵיל חַג, בָּאוּ אוֹרְחִים (guests) לַבַּיִת.
כֻּלָּם יָשְׁבוּ עַל־יַד הַשֻּׁלְחָן בַּחֲדַר הָאֹכֶל, אָכְלוּ וְשָׂמְחוּ.
סַבָּא יְהוֹשֻׁעַ לָקַח קְעָרָה. הַקְּעָרָה נָפְלָה וְנִשְׁבְּרָה.
כֻּלָּם רָאוּ שֶׁהַיָּדַיִם שֶׁלּוֹ רָעֲדוּ אֲבָל לֹא אָמְרוּ דָּבָר כִּי לֹא
רָצוּ לְבַיֵּשׁ אוֹתוֹ.

מָה עָשָׂה הָאָב שֶׁל רָחֵל?

אַחֲרֵי שֶׁהֶחָג עָבַר, הוּא קָנָה (bought) קְעָרָה חֲדָשָׁה לְסַבָּא – קְעָרָה שֶׁל עֵץ.
מִן הַיּוֹם הַהוּא (from that day) סַבָּא יְהוֹשֻׁעַ אָכַל לְבַדּוֹ (by himself) עַל-יַד שֻׁלְחָן קָטָן בַּמִּטְבָּח (kitchen). הוּא אָכַל מִן קְעָרָה שֶׁל עֵץ.
רָחֵל לֹא שָׂמְחָה כִּי אָהֲבָה מְאֹד אֶת סַבָּא יְהוֹשֻׁעַ.

יוֹם אֶחָד, בָּאוּ הַהוֹרִים שֶׁל רָחֵל לַחֶדֶר שֶׁלָּהּ וְרָאוּ שֶׁהִיא עוֹשָׂה מַשֶּׁהוּ (something) מֵעֵץ. הָאָב שָׁאַל: רָחֵל, מָה אַתְּ עוֹשָׂה?
רָחֵל עָנְתָה: אֲנִי עוֹשָׂה שְׁתֵּי קְעָרוֹת שֶׁל עֵץ.
הָאֵם שָׁאֲלָה: בִּשְׁבִיל מִי הַקְּעָרוֹת?
עָנְתָה רָחֵל: קְעָרָה אַחַת בִּשְׁבִילֵךְ אִמָּא, וּקְעָרָה אַחַת בִּשְׁבִיל אַבָּא כַּאֲשֶׁר אַתֶּם תִּהְיוּ (will be) זְקֵנִים כְּמוֹ סַבָּא.
הָאָב וְהָאֵם הֵבִינוּ שֶׁלֹּא כִּבְּדוּ אֶת סַבָּא יְהוֹשֻׁעַ.

מִן הַיּוֹם הַהוּא, סַבָּא יְהוֹשֻׁעַ יָשַׁב עַל־יַד הַשֻּׁלְחָן הַגָּדוֹל בַּחֲדַר הָאֹכֶל יַחַד עִם כָּל הַמִּשְׁפָּחָה וְהוּא אָכַל מִקְעָרָה יָפָה מְאֹד. רָחֵל שָׂמְחָה עוֹד פַּעַם.

הַהוֹרִים שֶׁל רָחֵל לָמְדוּ מִמֶּנָּה (from her).

מַה לָמְדוּ הַהוֹרִים מֵרָחֵל?

LESSON 5

אָבִינוּ מַלְכֵּנוּ
Our Father, Our King

The אָבִינוּ מַלְכֵּנוּ prayer is chanted on רֹאשׁ הַשָּׁנָה and on יוֹם כִּפּוּר. It expresses two aspects of our relationship with God: God is our spiritual Parent, אָבִינוּ. God is also our Ruler, מַלְכֵּנוּ, who cares about us and to whom we are faithful. According to the Talmud *(Taanit 25:B),* the אָבִינוּ מַלְכֵּנוּ we recite today is an expanded form of a briefer version composed by Rabbi Akiva during a period of severe drought. At that time, Akiva prayed for God's blessing of rain. Over the centuries, many additional verses were added until the present form developed. Here are some selected verses:

1 אָבִינוּ מַלְכֵּנוּ, חָטָאנוּ לְפָנֶיךָ.

2 אָבִינוּ מַלְכֵּנוּ, חַדֵּשׁ עָלֵינוּ שָׁנָה טוֹבָה.

3 אָבִינוּ מַלְכֵּנוּ, סְלַח וּמְחַל לְכָל־עֲוֹנוֹתֵינוּ.

4 אָבִינוּ מַלְכֵּנוּ, הַחֲזִירֵנוּ בִּתְשׁוּבָה שְׁלֵמָה לְפָנֶיךָ.

5 אָבִינוּ מַלְכֵּנוּ, כָּתְבֵנוּ בְּסֵפֶר חַיִּים טוֹבִים.

6 אָבִינוּ מַלְכֵּנוּ, כָּתְבֵנוּ בְּסֵפֶר גְּאֻלָּה וִישׁוּעָה.

7 אָבִינוּ מַלְכֵּנוּ, כָּתְבֵנוּ בְּסֵפֶר סְלִיחָה וּמְחִילָה.

8 אָבִינוּ מַלְכֵּנוּ, שְׁמַע קוֹלֵנוּ.

9 אָבִינוּ מַלְכֵּנוּ, קַבֵּל בְּרַחֲמִים וּבְרָצוֹן אֶת־תְּפִלָּתֵנוּ.

10 אָבִינוּ מַלְכֵּנוּ, חָנֵּנוּ וַעֲנֵנוּ, כִּי אֵין בָּנוּ מַעֲשִׂים,

11 עֲשֵׂה עִמָּנוּ צְדָקָה וָחֶסֶד וְהוֹשִׁיעֵנוּ.

TO HELP YOU UNDERSTAND

FAMILIAR WORDS

our Father	אָבִינוּ (אב)
our King (Ruler)	מַלְכֵּנוּ (מלכ)
inscribe (write) us	כָּתְבֵנוּ (כתב)
forgiveness	סְלִיחָה (סלח)
in repentance	בִּתְשׁוּבָה
justice, righteous act	צְדָקָה (צדק)
deeds	מַעֲשִׂים (עשׂה)
and answer us	וַעֲנֵנוּ (ענה)

NEW WORDS

and save us	וְהוֹשִׁיעֵנוּ (ישע)
return us	הַחֲזִירֵנוּ (חזר)
our sins	עֲוֹנוֹתֵינוּ
complete	שְׁלֵמָה (שׁלמ)
redemption	גְּאֻלָּה (גאל)
salvation	יְשׁוּעָה (ישע)

KNOW YOUR WORDS

Circle the English word that means the same as the Hebrew.

kindness	justice	forgiveness	צְדָקָה	1
prayer	sin	repentance	תְּשׁוּבָה	2
compassion	forgiveness	goodness	סְלִיחָה	3
deeds	covenant	sins	מַעֲשִׂים	4
renew	answer	pardon	מְחַל	5
return	receive	send	קַבֵּל	6

Circle the Hebrew word that means the same as the English.

1 our Father	אֲדוֹנֵינוּ	רוֹעֵנוּ	אָבִינוּ
2 inscribe us	תַּשְׁלִיכֵנוּ	כָּתְבֵנוּ	הוֹשִׁיעֵנוּ
3 our King	מוֹשִׁיעֵינוּ	נוֹטְרֵנוּ	מַלְכֵּנוּ
4 and save us	וְהוֹשִׁיעֵנוּ	וַעֲנֵנוּ	וְהַחֲזִירֵנוּ
5 our sins	חַיֵּינוּ	עֲוֹנוֹתֵינוּ	תְּפִלָּתֵנוּ
6 return us	תַּעַזְבֵנוּ	הַחֲזִירֵנוּ	זָכְרֵנוּ
7 and answer us	קוֹלֵנוּ	וְשַׂמְּחֵנוּ	וַעֲנֵנוּ

Write the Hebrew suffix common to the seven circled words.

____

Write the three meanings for the suffix.

____________ ____________ ____________

LOOKING FOR UNDERSTANDING

Write the number of the Hebrew phrase next to the English phrase that has the same meaning. Then, underline the Hebrew words that match the underlined English words.

_____ Our Father, Our King be gracious and <u>answer us</u>.

_____ Our Father, Our King <u>let us return</u> to you with complete repentance.

_____ Our Father, Our King accept <u>our prayer</u> with compassion.

_____ Our Father, Our King <u>forgive and pardon</u> all our sins.

<u>1</u> Our Father, Our King renew a <u>good year</u> for us.

_____ Our Father, Our King, <u>hear our voice</u>.

1 אָבִינוּ מַלְכֵּנוּ, חַדֵּשׁ עָלֵינוּ שָׁנָה טוֹבָה.

2 אָבִינוּ מַלְכֵּנוּ, סְלַח וּמְחַל לְכָל־עֲוֹנוֹתֵינוּ.

3 אָבִינוּ מַלְכֵּנוּ, הַחֲזִירֵנוּ בִּתְשׁוּבָה שְׁלֵמָה לְפָנֶיךָ.

4 אָבִינוּ מַלְכֵּנוּ, שְׁמַע קוֹלֵנוּ.

5 אָבִינוּ מַלְכֵּנוּ, קַבֵּל בְּרַחֲמִים וּבְרָצוֹן אֶת־תְּפִלָּתֵנוּ.

6 אָבִינוּ מַלְכֵּנוּ, חָנֵּנוּ וַעֲנֵנוּ.

FROM THE SOURCES

תּוֹרָה תְּחִלָּתָהּ גְּמִילוּת חֲסָדִים וְסוֹפָהּ גְּמִילוּת חֲסָדִים.

The beginning and end of Torah is performing acts of loving kindness.

(Talmud Sotah: 14A)

The rabbis teach us that performing acts of loving kindness (גְּמִילוּת חֲסָדִים) demonstrates a true understanding of God's teaching. The meaning of the word תּוֹרָה is Teaching. The root (חסד), kindness, is found throughout our prayers as a reflection of God's תּוֹרָה, God's Teaching. In the prayer אָבִינוּ מַלְכֵּנוּ we conclude with this plea to God:

עֲשֵׂה עִמָּנוּ צְדָקָה וָחֶסֶד וְהוֹשִׁיעֵנוּ

Treat us with justice and loving-kindness and save us

THINK ABOUT IT

An image is a reflection. It reflects back to its source. We are made in God's image. We are therefore a reflection of God. If we treat our fellow human beings with "justice and loving-kindness and save them," as we ask God to do for us, we will truly reflect God's image.

ROOTS

Write each Hebrew word next to its שֹׁרֶשׁ.

Then write the English meaning of the שֹׁרֶשׁ.

סְלַח	יִכָּתֵבוּן	מְלוֹךְ
יִשָּׁמַע	תַּעַזְבֵינוּ	נָשׁוּבָה
אֲבַקֶּשְׁךָ	חָטָאנוּ	יִתָּקַע
לַעֲמֹד	זָכְרֵנוּ	עֲנֵנוּ

1	(מלכ)	מְלוֹךְ	rule
2	(זכר)	______	______
3	(בקש)	______	______
4	(שמע)	______	______
5	(שוב)	______	______
6	(כתב)	______	______
7	(סלח)	______	______
8	(תקע)	______	______
9	(עמד)	______	______
10	(חטא)	______	______
11	(ענה)	______	______
12	(עזב)	______	______

כָּתְבֵנוּ בְּסֵפֶר...

Inscribe us in the book

A repeated theme in the אָבִינוּ מַלְכֵּנוּ prayer is our request for a good life in the coming year. We imagine God inscribing our future in a book.

כָּתְבֵנוּ בְּסֵפֶר חַיִּים טוֹבִים

Inscribe us in a book _____

כָּתְבֵנוּ בְּסֵפֶר גְּאֻלָּה וִישׁוּעָה

Inscribe us in a book _____

כָּתְבֵנוּ בְּסֵפֶר סְלִיחָה וּמְחִילָה

Inscribe us in a book _____

Can you complete the English meaning of each sentence?

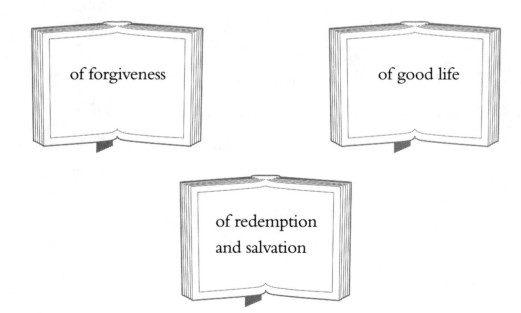

of forgiveness

of good life

of redemption and salvation

KEY IDEAS

These words and phrases from the מַחֲזוֹר reflect important themes in the High Holy Days Service. Write the English meaning next to each one. Then, in your own words, explain the significance of each theme.

חֵטְא ______________________

____

____

סְלִיחָה ______________________

____

____

תְּשׁוּבָה ______________________

____

____

תְּפִלָּה ______________________

____

____

צְדָקָה ______________________

____

____

קוֹל שׁוֹפָר _____ 🔑

_____

_____

רַחֲמִים _____ 🔑

_____

_____

אָבִינוּ מַלְכֵּנוּ _____ 🔑

_____

_____

בְּרִית _____ 🔑

_____

_____

יוֹם כִּפּוּר _____ 🔑

_____

_____

STORY WORDS

WORDS YOU KNOW

sinned	חָטָא (חטא)
plate	קְעָרָה
to teach	לְלַמֵּד (למד)
from him	מִמֶּנּוּ (מן)
poor	עָנִי
I do not have	אֵין לִי
to request, to ask for	לְבַקֵּשׁ (בקשׁ)
evening	עֶרֶב

NEW WORDS

meal	אֲרוּחָה
happy	אַשְׁרֵי
hungry	רָעֵב, רְעֵבִים
return	חוֹזֵר (חזר)

STORY READINESS

Write the English for each Hebrew word. Then find the Hebrew words in the puzzle. (Read down.) Shade in each word.

ר	ח	א	ע	א
ע	ט	ר	נ	י
ב	א	ו	י	ן
ח	ל	ח	א	ל
ס	ב	ה	ש	י
ד	ק	ג	ר	מ
י	ש	מ	י	מ
ם	ק	י	ל	נ
ע	ע	ל	ל	ו
ר	ר	ו	מ	ל
ב	ה	ת	ד	א

1 עָנִי poor

2 מִמֶּנּוּ ______

3 רָעֵב ______

4 אֵין לִי ______

5 אַשְׁרֵי ______

6 קְעָרָה ______

7 לְבַקֵּשׁ ______

8 לֹא ______

9 חָטָא ______

10 אֲרוּחָה ______

11 עֶרֶב ______

12 לְלַמֵּד ______

Write the two remaining Hebrew words. Write the English meaning of the phrase.

___ ___ ___ ___ ___   ___ ___ ___ ___ ___ ___

____

אַשְׁרֵי הָאִישׁ הַחוֹזֵר בִּתְשׁוּבָה

בִּימֵי הַמֶּלֶךְ שְׁלֹמֹה חַי אִישׁ עָשִׁיר מְאֹד בִּירוּשָׁלַיִם.
שֵׁם הָאִישׁ הָיָה כַּסְפִּי, אֲבָל הָאֲנָשִׁים לֹא קָרְאוּ לוֹ
כַּסְפִּי. קָרְאוּ לוֹ ״אֵין לִי״. לָמָּה?

כַּאֲשֶׁר אִישׁ עָנִי הָיָה בָּא לַבַּיִת
שֶׁל כַּסְפִּי לְבַקֵּשׁ צְדָקָה וְחֶסֶד מִמֶּנּוּ,
כַּסְפִּי תָּמִיד עָנָה: ״אֵין לִי!״
הוּא לֹא רִחֵם עַל עֲנִיִּים.
כַּאֲשֶׁר יֶלֶד רָעֵב הָיָה בָּא לַבַּיִת
שֶׁל כַּסְפִּי לְבַקֵּשׁ אֹכֶל מִמֶּנּוּ,
כַּסְפִּי תָּמִיד עָנָה: ״אֵין לִי!״
הוּא לֹא רִחֵם עַל רְעֵבִים.

הַמֶּלֶךְ שְׁלֹמֹה שָׁמַע עַל ״אֵין לִי״ וְהֶחְלִיט (decided)
לְלַמֵּד אֶת כַּסְפִּי מַה זֹּאת צְדָקָה וְחֶסֶד.
יוֹם אֶחָד, הַמֶּלֶךְ הִזְמִין (invited) אֶת כַּסְפִּי
לָבוֹא לָאַרְמוֹן (בֵּית הַמֶּלֶךְ) לֶאֱכֹל אֲרוּחַת־עֶרֶב עִמּוֹ.
כַּסְפִּי הָיָה שָׂמֵחַ מְאֹד. הוּא חָשַׁב שֶׁהַמֶּלֶךְ רָצָה לְכַבֵּד אוֹתוֹ.
כַּסְפִּי שָׁמַע שֶׁבְּאַרְמוֹן הַמֶּלֶךְ יֵשׁ הַרְבֵּה אֹכֶל טוֹב. לָכֵן (therefore),
הוּא לֹא אָכַל וְלֹא שָׁתָה כָּל הַיּוֹם. כַּסְפִּי צָם (fasted).

בָּעֶרֶב כַּסְפִּי הָלַךְ לְאַרְמוֹן הַמֶּלֶךְ שְׁלֹמֹה. הַמְשָׁרְתִים (servants)
הֵבִיאוּ אוֹתוֹ לַחֲדַר־הָאֹכֶל הַגָּדוֹל וְכַסְפִּי יָשַׁב עַל־יַד
הַמֶּלֶךְ שְׁלֹמֹה. הַמְשָׁרְתִים שָׂמוּ הַרְבֵּה אֹכֶל טוֹב בִּקְעָרָה גְדוֹלָה
לִפְנֵי הַמֶּלֶךְ, אֲבָל לֹא שָׂמוּ קְעָרָה לִפְנֵי כַּסְפִּי. הֵם לֹא נָתְנוּ לוֹ
אֹכֶל. הַמֶּלֶךְ שְׁלֹמֹה אָכַל לְאַט לְאַט וְאָמַר בְּקוֹל שֶׁהָאֹכֶל טָעִים (tasty)
מְאֹד. הַמֶּלֶךְ שְׁלֹמֹה אָכַל אֲרוּחָה גְדוֹלָה. כַּסְפִּי לֹא אָכַל
וְלֹא שָׁתָה דָבָר. הוּא הָיָה רָעֵב מְאֹד.

בַּסוֹף, הַמֶּלֶךְ שְׁלֹמֹה קָם וְאָמַר לְכַּסְפִּי:
שָׁמַעְתִּי שֶׁעֲנִיִּים בָּאִים לְבֵיתְךָ לְבַקֵּשׁ צְדָקָה וְאַתָּה אוֹמֵר: "אֵין לִי." שָׁמַעְתִּי שֶׁיְּלָדִים רְעֵבִים בָּאִים לְבֵיתְךָ לְבַקֵּשׁ אֹכֶל וְאַתָּה אוֹמֵר: "אֵין לִי." כַּסְפִּי הֵבִין שֶׁהוּא חָטָא.

הָלַךְ כַּסְפִּי לְבֵיתוֹ וְחָזַר בִּתְשׁוּבָה. מִן הַיּוֹם הַהוּא, כַּאֲשֶׁר עָנִי בָּא לַבַּיִת לְבַקֵּשׁ צְדָקָה, כַּסְפִּי עָזַר לוֹ. הוּא רִחֵם עַל עֲנִיִּים וּרְעֵבִים.
כָּל יוֹם כַּסְפִּי קִיֵּם אֶת הַמִּצְוָה שֶׁל גְּמִילוּת חֲסָדִים.
מֵאָז (from then on) הָאֲנָשִׁים קָרְאוּ לוֹ כַּסְפִּי הֶחָסִיד.

UNIT TWO

From the הַגָּדָה

The holiday of Passover (פֶּסַח) celebrates the most important event in Jewish history – our Exodus from Egypt (יְצִיאַת מִצְרַיִם). We find the commandment to observe פֶּסַח in the Bible:

וְהִגַּדְתָּ לְבִנְךָ בַּיּוֹם הַהוּא לֵאמֹר...

And you shall tell your child on that day, saying...(Exodus 13:8)

And so, each year, on the eve of the fifteenth day of the Hebrew month Nissan, we begin the observance of פֶּסַח at the Passover Seder. The book we use to tell the Passover story is called the הַגָּדָה (Telling). The הַגָּדָה contains passages from the Bible and from the Talmud and there are commentaries, folklore, prayers, hymns and songs, as well.

Special items are placed on the סֵדֶר table. Each has a symbolic meaning. On the Seder Plate (קְעָרַת הַסֵּדֶר), you will see זְרוֹעַ, the roasted lamb bone which reminds us of the Temple sacrifice; בֵּיצָה, a roasted egg which is a symbol of the ancient festival offering as well as a reminder of spring and rebirth; כַּרְפַּס, a green vegetable like parsley, is another symbol of spring; מָרוֹר, a bitter herb, recalls the bitter taste of slavery; and חֲרֹסֶת, a mixture of apples, nuts and wine reminds us of the brick mortar used by the Hebrew slaves. Three pieces of matzah (שָׁלֹשׁ מַצּוֹת), salt water (מֵי מֶלַח), and the Cup of Elijah (כּוֹס אֵלִיָּהוּ) are also on the Seder table.

THE ORDER OF THE SEDER SERVICE

The סֵדֶר activities consist of 15 steps, performed in the following order:

Chant the Kiddush	קַדֵּשׁ	1
Wash the hands (without a blessing)	וּרְחַץ	2
Eat a green vegetable dipped in salt water	כַּרְפַּס	3
Break the middle matzah (setting aside a portion for the afikoman)	יַחַץ	4
Recite the Passover story	מַגִּיד	5
Wash the hands (with a blessing)	רַחַץ	6
Recite the blessing for bread	מוֹצִיא	7
Recite the blessing for matzah	מַצָּה	8
Eat the bitter herb	מָרוֹר	9
Eat the bitter herb and matzah together	כּוֹרֵךְ	10
Eat the meal	שֻׁלְחָן עוֹרֵךְ	11
Eat the afikoman	צָפוּן	12
Recite the Birkat Hamazon	בָּרֵךְ	13
Chant the Hallel	הַלֵּל	14
Conclude the seder	נִרְצָה	15

LESSON 6

הָא לַחְמָא עַנְיָא

This is the bread of poverty

This paragraph is written in Aramaic. Recited near the beginning of the Passover Seder, it invites the poor and the hungry to come and celebrate with us. The invitation is recited in Aramaic because this was the language spoken by Jewish people who lived in Babylonia and in Eretz Ysrael at the time of its composition. The words לַחְמָא עַנְיָא remind us of the bread which our ancestors ate in the land of Egypt. Our rabbis teach us that it is a מִצְוָה, a religious commandment, to provide for the poor. Today, there are still many, many people who suffer hunger and live in bondage. We pray that all Jews and all people everywhere will soon be free of persecution – that they will no longer live in poverty.

1 הָא לַחְמָא עַנְיָא

2 דִּי אֲכָלוּ אֲבָהָתַנָא בְּאַרְעָא דְמִצְרָיִם.

3 כָּל דִּכְפִין יֵיתֵי וְיֵכֻל.

4 כָּל דִּצְרִיךְ יֵיתֵי וְיִפְסַח.

5 הָשַׁתָּא הָכָא.

6 לַשָּׁנָה הַבָּאָה בְּאַרְעָא דְיִשְׂרָאֵל.

7 הָשַׁתָּא עַבְדֵי.

8 לַשָּׁנָה הַבָּאָה בְּנֵי חוֹרִין.

TO HELP YOU UNDERSTAND

FAMILIAR WORDS	bread	לַחְמָא (לֶחֶם)
	poor	עַנְיָא (עָנִי)
	and eat	וְיֵכֻל (אכל)
	slaves	עַבְדֵי (עבד)

NEW WORDS	and celebrate Passover	וְיִפְסַח (פֶּסַח)
	now, this year	הָשַׁתָּא
	(of) Egypt	(דְ)מִצְרָיִם
	in the land	בְּאַרְעָא
	free people	בְּנֵי חוֹרִין
	our ancestors	אֲבָהָתַנָא

FROM HEBREW TO ARAMAIC

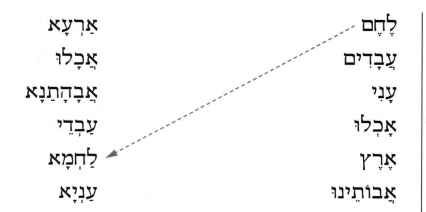

Draw a line from the Hebrew word on the right to the related Aramaic word from הָא לַחְמָא.

לֶחֶם	אַרְעָא
עֲבָדִים	אֲכָלוּ
עָנִי	אֲבָהָתַנָא
אָכְלוּ	עַבְדֵי
אֶרֶץ	לַחְמָא
אֲבוֹתֵינוּ	עַנְיָא

WORD MATCH

Draw a line from the word on the right to its English meaning.

אֲבָהָתַנָא	slaves
בְּאַרְעָא	bread
וְיִפְסַח	now
הָשַׁתָּא	our ancestors
עַבְדֵי	and celebrate Passover
לַחְמָא	in the land

PHRASE MATCH

Write the number of the phrase from the Haggadah next to the English that has the same meaning.

1 הָא לַחְמָא עַנְיָא

2 דִּי אֲכָלוּ אֲבָהָתַנָא בְּאַרְעָא דְמִצְרָיִם

3 כָּל דִּכְפִין יֵיתֵי וְיֵכֻל

4 כָּל דִּצְרִיךְ יֵיתֵי וְיִפְסַח

5 הָשַׁתָּא הָכָא

6 לַשָּׁנָה הַבָּאָה בְּאַרְעָא דְיִשְׂרָאֵל

7 הָשַׁתָּא עַבְדֵי

8 לַשָּׁנָה הַבָּאָה בְּנֵי חוֹרִין

____ Next year in the land of Israel.

_1_ This is the bread of poverty.

____ Next year we will be free people.

____ Let all who are in need come and celebrate Passover.

____ Now we are slaves.

____ which our ancestors ate in the land of Egypt.

____ Let all who are hungry come and eat.

____ Now we are here.

MISSING WORDS

Add a word to complete each passage.
The English meanings of the missing words appear at the end of each line.

עַבְדֵי	הָשַׁתָּא	עַנְיָא	בְּנֵי חוֹרִין
וְיִפְסַח	אֲבָהָתַנָא	בְּאַרְעָא	וְיֵכֹל

1 הָא לַחְמָא עַנְיָא ______ (poor)

2 דִּי אֲכָלוּ ______ בְּאַרְעָא דְמִצְרָיִם (our ancestors)

3 כָּל דִּכְפִין יֵיתֵי ______ (and eat)

4 כָּל דִּצְרִיךְ יֵיתֵי ______ (and observe Passover)

5 ______ הָכָא now

6 לַשָּׁנָה הַבָּאָה ______ דְּיִשְׂרָאֵל (in the land of)

7 הָשַׁתָּא ______ (slaves)

8 לַשָּׁנָה הַבָּאָה ______ (free people)

THE SEDER PLATE

Select the correct English word for each Hebrew word. Explain what each symbolizes.

The things on the seder plate help us tell the Passover story.

roasted egg	**ḥaroset**	**greens**	**bitter herbs**
	roasted bone		

חֲרוֹסֶת ____________ : ______________________

מָרוֹר ____________ : ______________________

זְרוֹעַ ____________ : ______________________

כַּרְפַּס ____________ : ______________________

בֵּיצָה ____________ : ______________________

One of the items on the seder plate is the זְרוֹעַ. This roasted bone reminds us of the Passover lamb, but it is also symbolic of God's outstretched arm. In the הַגָּדָה we read how God took us out of Egypt with an outstretched arm – זְרוֹעַ נְטוּיָה.

מַה נִּשְׁתַּנָּה

The Four Questions

An important purpose of the Passover Seder is to teach children:

וְהִגַּדְתָּ לְבִנְךָ בַּיּוֹם הַהוּא

And you shall tell your child on that day (Exodus 13:8).

It is the custom for the youngest child to ask the Four Questions. In answering them, the leader of the Seder tells the Passover story.

מַה נִּשְׁתַּנָּה הַלַּיְלָה הַזֶּה מִכָּל הַלֵּילוֹת?

1 שֶׁבְּכָל הַלֵּילוֹת אָנוּ אוֹכְלִין חָמֵץ וּמַצָּה,
הַלַּיְלָה הַזֶּה כֻּלּוֹ מַצָּה.

2 שֶׁבְּכָל הַלֵּילוֹת אָנוּ אוֹכְלִין שְׁאָר יְרָקוֹת,
הַלַּיְלָה הַזֶּה מָרוֹר.

3 שֶׁבְּכָל הַלֵּילוֹת אֵין אָנוּ מַטְבִּילִין אֲפִילוּ פַּעַם אֶחָת,
הַלַּיְלָה הַזֶּה שְׁתֵּי פְעָמִים.

4 שֶׁבְּכָל הַלֵּילוֹת אָנוּ אוֹכְלִין בֵּין יוֹשְׁבִין וּבֵין מְסֻבִּין,
הַלַּיְלָה הַזֶּה כֻּלָּנוּ מְסֻבִּין.

Two things we eat at the Seder:

____________________ ____________________

How we eat at the Seder:

____

WRITE THE HEBREW WORDS

PASSOVER WORD SCRAMBLE

Unscramble each English word and write it on the matching piece of matzah.

newi
yhodila
rsapvsoe
tllineg
rettib rheb
relisa
redro
yetgp
ledevneaun redab
ejliha

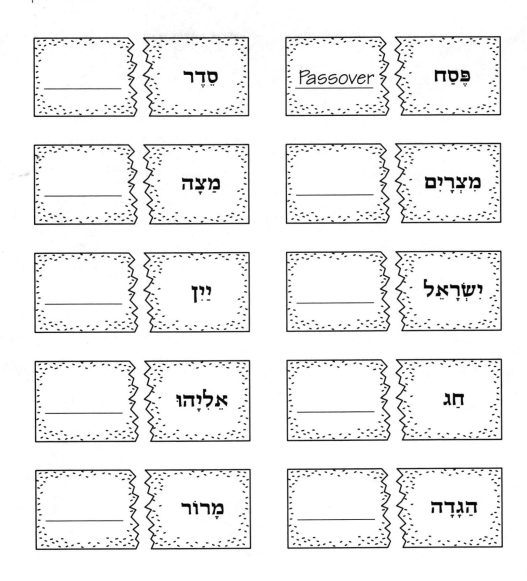

________	סֵדֶר	Passover	פֶּסַח
________	מַצָּה	________	מִצְרַיִם
________	יַיִן	________	יִשְׂרָאֵל
________	אֵלִיָּהוּ	________	חַג
________	מָרוֹר	________	הַגָּדָה

STORY WORDS

to teach	לְלַמֵד (למד)	WORDS YOU KNOW
for	בִּשְׁבִיל	
quietly	בְּשֶׁקֶט	
in place of (instead of)	בִּמְקוֹם (מָקוֹם)	
understood	הֵבִינָה	
work	מְלָאכָה	
from him, from me	מִמֶנוּ, מִמֶנִי	
hungry	רְעֵבִים	
took out	הוֹצִיא	
help	עוֹזְרִים (עזר)	
pardon me, excuse me	סְלִיחָה (סלח)	
the biggest	הַגְדוֹלָה בְּיוֹתֵר (גדל)	
to buy	לִקְנוֹת (קנה)	

by himself, by myself	בְּעַצְמוֹ, בְּעַצְמִי	NEW WORDS
fished, to fish	דָגוּ, לָדוּג (דוג)	
to sell	לִמְכֹּר (מכר)	
immediately	מִיָד	
donation, charity	נְדָבָה (צְדָקָה)	
shouted	צָעַק (צעק)	
only	רַק	

STORY READINESS

Write the Hebrew words for the English words. Write one Hebrew letter in each blank space leaving out the vowels.

	ל	י	א
			__ **1**
__ **2**	__	__	__
__	__	__ **3**	
__ **4**	__	__	__
__	__	__ **5**	__
__	__	__ **6**	
__ **7**	__		
__ **8**	__	__	__
__	__	__ **9**	
__	__ **10**		
__	__	__	__ **11**
__ **12**	__	__	
__	__	__ **13**	__
__	__	__ **14**	
__	__ **15**		
__ **16**	__	__	__

immediately 1
to sell 2
quietly 3
work 4
by himself 5
to fish 6
shouted 7
understood 8
from him 9
only 10
in place of 11
donation 12
for 13
to teach 14
to buy 15
hungry 16

Now write every letter that has a number under it in these spaces.

You will discover a Hebrew saying from Pirke Avot, The Sayings of the Fathers.

__ 8	__ 7	__ 6	__ 5	__ 4	__ 3	__ 2	א 1

__ 16	__ 15	__ 14	__ 13	__ 12	__ 11	__ 10	__ 9

The more righteousness, the more peace.

מַרְבֶּה צְדָקָה מַרְבֶּה שָׁלוֹם.

The more righteousness, the more peace.

(Pirke Avot 2:8)

These words were spoken by the great sage Hillel. Maimonides later taught that there are different levels of charitable giving. The highest level of צְדָקָה is enabling a poor person to earn a living.

How do Hillel's words reflect the theme of the הָא לַחְמָא which we recite at the Passover Seder?

As you read the story, think about how the actions of the father and daughter reflect Maimonides' teaching.

Tonight hundreds of thousands of people will spend the night in a shelter, on the streets, or in an abandoned car. One out of every four of these homeless people is a child. How can you help? You can collect toys and games. You can prepare food and gifts. In what other ways can we share what we have with the homeless? Why should we be particularly sensitive to their needs at Passover time?

הַמִּצְוָה הַגְּדוֹלָה בְּיוֹתֵר

פַּעַם אַחַת אַהֲרֹן וְלֵאָה, הַבַּת שֶׁלּוֹ,
יָשְׁבוּ עַל־יַד נָהָר (river) וְדָגוּ דָּגִים.
אִישׁ עָנִי עָבַר עַל־יַד הַנָּהָר וְרָאָה אוֹתָם.

אָמַר הֶעָנִי: סְלִיחָה, אֲנִי רוֹאֶה שֶׁיֵּשׁ לָכֶם הַרְבֵּה דָּגִים.
הַאִם אַתֶּם יְכוֹלִים לָתֵת לִי דָּג אֶחָד בִּשְׁבִיל הַמִּשְׁפָּחָה שֶׁלִּי?
הָאִשָּׁה וְהַיְלָדִים שֶׁלִּי רְעֵבִים, וְאֵין אֹכֶל בַּבַּיִת שֶׁלָּנוּ.
לֵאָה קָמָה מִיָּד וְרָצְתָה לָתֵת דָּג לֶעָנִי, אֲבָל אַהֲרֹן פָּנָה (turned)
לֶעָנִי וְאָמַר לוֹ: אֲנַחְנוּ לֹא יְכוֹלִים לָתֵת לְךָ דָּג.

לֵאָה עָמְדָה בְּשֶׁקֶט. הִיא לֹא הֵבִינָה לָמָּה הָאָב שֶׁלָּהּ לֹא רָצָה לָתֵת
דָּג לֶעָנִי. אַהֲרֹן אָמַר: אִם אַתָּה רוֹצֶה, אַתָּה יָכוֹל לִלְמֹד מִמֶּנִּי לָדוּג.
אֲנִי יָכוֹל לְלַמֵּד אוֹתְךָ.

הֶעָנִי יָשַׁב עַל־יַד אַהֲרֹן וְלָמַד לָדוּג בְּעַצְמוֹ.
אַחֲרֵי זְמַן, הוֹצִיא דָג גָּדוֹל מִן הַנָּהָר וְצָעַק בְּשִׂמְחָה: יֵשׁ לִי דָג גָּדוֹל!
יֵשׁ לִי מַסְפִּיק (enough) דָג בִּשְׁבִיל כָּל הַמִּשְׁפָּחָה שֶׁלִּי.
אֲנִי שָׂמֵחַ מְאֹד כִּי עַכְשָׁו אֲנִי יוֹדֵעַ לָדוּג בְּעַצְמִי. אֲנִי יָכוֹל לָדוּג כָּל יוֹם.
הָאִשָּׁה וְהַיְלָדִים שֶׁלִּי לֹא יִהְיוּ רְעֵבִים. וְאִם יִהְיוּ לִי הַרְבֵּה דָגִים,
אֲנִי אוּכַל לִמְכֹּר אוֹתָם כְּדֵי (in order) לִקְנוֹת הַרְבֵּה דְּבָרִים
לַמִּשְׁפָּחָה שֶׁלִּי.

הֶעָנִי קָם, אָמַר תּוֹדָה לְאַהֲרֹן וְלֵאָה, וְרָץ (and ran) לְבֵיתוֹ עִם הַדָּג הַגָּדוֹל.

אַחֲרֵי שֶׁהֶעָנִי הָלַךְ, לֵאָה אָמְרָה אֶל הָאָב שֶׁלָּהּ: אַבָּא, יֵשׁ לָנוּ הַרְבֵּה דָּגִים. אַתָּה אָמַרְתָּ שֶׁאֲנַחְנוּ לֹא יְכוֹלִים לָתֵת לֶעָנִי אֲפִילוּ (even) דָּג אֶחָד, וְעַכְשָׁו אֲנִי מְבִינָה. אִם נוֹתְנִים לֶעָנִי דָּג אֶחָד יֵשׁ לוֹ אֹכֶל רַק לַאֲרוּחָה אַחַת. אֲבָל אִם מְלַמְּדִים אוֹתוֹ לָדוּג בְּעַצְמוֹ, בֶּאֱמֶת עוֹזְרִים לוֹ כִּי מַמְצִיאִים (provide) לוֹ מְלָאכָה.

הָאָב אָמַר: כֵּן, לֵאָה. הֶעָנִי לוֹמֵד לָדוּג וְאַתְּ לוֹמֶדֶת אֶת הַמִּצְוָה הַגְּדוֹלָה בְּיוֹתֵר: לְהַמְצִיא (to provide) לָאָדָם מְלָאכָה בִּמְקוֹם רַק לָתֵת לוֹ נְדָבָה.

95

LESSON 7

עֲבָדִים הָיִינוּ

We were slaves

On Passover we experience again one of the most important events in the history of our people – the Exodus from Egypt. On this night, the foods we eat, the prayers we recite and the songs we sing, all recall our deliverance from slavery.

1 עֲבָדִים הָיִינוּ לְפַרְעֹה בְּמִצְרָיִם.

2 וַיּוֹצִיאֵנוּ יְיָ אֱלֹהֵינוּ מִשָּׁם

3 בְּיָד חֲזָקָה וּבִזְרוֹעַ נְטוּיָה.

4 וְאִלּוּ לֹא הוֹצִיא הַקָּדוֹשׁ בָּרוּךְ הוּא

5 אֶת אֲבוֹתֵינוּ מִמִּצְרַיִם,

6 הֲרֵי אָנוּ, וּבָנֵינוּ, וּבְנֵי בָנֵינוּ

7 מְשֻׁעְבָּדִים הָיִינוּ לְפַרְעֹה בְּמִצְרָיִם.

8 וַאֲפִלּוּ כֻּלָּנוּ חֲכָמִים, כֻּלָּנוּ נְבוֹנִים,

9 כֻּלָּנוּ זְקֵנִים, כֻּלָּנוּ יוֹדְעִים אֶת הַתּוֹרָה,

10 מִצְוָה עָלֵינוּ לְסַפֵּר בִּיצִיאַת מִצְרָיִם.

11 וְכָל הַמַּרְבֶּה לְסַפֵּר בִּיצִיאַת מִצְרַיִם,

12 הֲרֵי זֶה מְשֻׁבָּח.

TO HELP YOU UNDERSTAND

FAMILIAR WORDS	slaves	עֲבָדִים (עבד)
	enslaved	מְשֻׁעְבָּדִים (עבד)
	Haggadah (Telling)	הַגָּדָה
	the Holy One, blessed be He	הַקָּדוֹשׁ בָּרוּךְ הוּא
	going out from Egypt – the Exodus	יְצִיאַת מִצְרַיִם (יצא)
	and our children and our children's children	וּבָנֵינוּ וּבְנֵי בָנֵינוּ (בֵּן)
	commandment	מִצְוָה (צוה)

NEW WORDS	and even if	וַאֲפִלּוּ
	praised	מְשֻׁבָּח (שבח)
	to tell (a story)	לְסַפֵּר (ספר)
	he took out, he took us out	הוֹצִיא, וַיּוֹצִיאֵנוּ (יצא)
	strong	חָזָק, חֲזָקָה

ROOTS

Write the שֹׁרֶשׁ (root letters) next to the word from the הַגָּדָה. Then write the English meaning of the word.

(ידע) (בּרכ) (קדש) (עבד) (היה)

(שבח) (צוה) (ספר) (יצא)

הַגָּדָה word	שֹׁרֶשׁ	English
1 בָּרוּךְ	(בּרכ)	blessed
2 לְסַפֵּר	________	________
3 מִצְוָה	________	________
4 עֲבָדִים	________	________
5 יְצִיאַת	________	________
6 קָדוֹשׁ	________	________
7 מְשֻׁבָּח	________	________
8 הָיִינוּ	________	________
9 יוֹדְעִים	________	________

HAGGADAH CONNECTIONS

Draw a line from the הַגָּדָה word to the correct English meaning.

strong	עֲבָדִים
and even if	לְסַפֵּר
slaves	חֲזָקָה
to tell	וַאֲפִלּוּ

wise	הָיִינוּ
and our children	בְּיָד
with a hand	וּבָנֵינוּ
we were	חֲכָמִים

all of us	מִשָּׁם
took out	כֻּלָּנוּ
from there	זְקֵנִים
old	הוֹצִיא

we	מְשֻׁבָּח
enslaved	יוֹדְעִים
know	אָנוּ
praised	מְשֻׁעְבָּדִים

WORD FAMILIES

Circle the word in each line that is not a member of the word family. Write the meaning of the word family on the line.

1	בָּרוּךְ	בָּרְכוּ	בּוֹרֵא	הַמְבֹרָךְ	bless
2	עַבְדֵי	עֶרֶב	עֲבָדִים	מְשֻׁעְבָּדִים	
3	קָרָה	קִדְשָׁנוּ	קָדוֹשׁ	קִדּוּשׁ	
4	אָב	אֲבוֹתֵינוּ	אָבוֹת	אוֹהֵב	
5	בִּיצִיאַת	יוֹצֵר	וַיּוֹצִיאֵנוּ	הוֹצִיא	
6	מָשִׁיחַ	לְשַׁבֵּחַ	שֶׁבַח	מְשֻׁבָּח	
7	בָּנֵינוּ	בֵּן	בָּנָה	בְּנֵי	
8	מִצְוָה	מִצְרַיִם	מִצְוֹת	צִוָּה	
9	סוֹף	סֵפֶר	סוֹפֵר	לְסַפֵּר	
10	חָכָם	חֲכָמִים	חָכְמָה	חֻקִּים	

IN ORDER

The words are in mixed-up order. Write each phrase as it appears in the הַגָּדָה. Then match the phrases with the English meaning.

1 הַבָּאָה חוֹרִין לַשָּׁנָה בְּנֵי ___לַשָּׁנָה הַבָּאָה בְּנֵי חוֹרִין___

2 מִצְרַיִם בִּיצִיאַת לְסַפֵּר ____________

3 יֵיתֵי כָּל וְיִפְסַח דִצְרִיךְ ____________

4 הוּא בָּרוּךְ הַקָּדוֹשׁ ____________

5 וּבְנֵי אָנוּ בָנֵינוּ וּבָנֵינוּ ____________

6 יֵיתֵי כָּל וְיֵכֻל דִכְפִין ____________

7 הָא עַנְיָא לַחְמָא ____________

____ to tell of the going out from Egypt (the Exodus)

____ let anyone who is hungry, come in and eat

__1__ next year we shall be free people

____ this is the bread of poverty

____ let anyone who is needy, come in and celebrate Passover

____ we, our children and our children's children

____ the Holy One, blessed be He

TELLING THE STORY

Number the Hebrew and English phrases to tell the story of our experience in Egypt. Be sure your Hebrew and English sentences match!

____ וַיּוֹצִיאֵנוּ יְיָ אֱלֹהֵינוּ מִשָּׁם בְּיָד חֲזָקָה וּבִזְרוֹעַ נְטוּיָה.

____ הָא לַחְמָא עַנְיָא דִּי אֲכָלוּ אֲבָהָתַנָא.

____ מִצְוָה עָלֵינוּ לְסַפֵּר בִּיצִיאַת מִצְרָיִם.

____ עֲבָדִים הָיִינוּ לְפַרְעֹה בְּמִצְרָיִם.

____ הֲרֵי אָנוּ, וּבָנֵינוּ, וּבְנֵי בָנֵינוּ מְשֻׁעְבָּדִים הָיִינוּ לְפַרְעֹה בְּמִצְרָיִם.

____ God took us out with a strong hand and an outstretched arm.

____ All of us are commanded to tell the story of our Exodus from Egypt.

____ We would still be slaves if God had not taken us out.

____ We were slaves to Pharaoh in Egypt.

____ All we had to eat was flat, hard bread.

FROM THE SOURCES

יְהִי בֵיתְךָ פָּתוּחַ...
וְיִהְיוּ עֲנִיִּים בְּנֵי בֵיתֶךָ.

Let your house be open... Let the poor be (as) members of your household.

(Pirke Avot 1:5)

Today we are free people (בְּנֵי חוֹרִין). We are free to remember and to celebrate. At Passover time, we are especially concerned about the poor and their needs. In many Jewish communities there is a special Passover fund called מָעוֹת חִטִּים, money for wheat. The fund is used to give money to the poor so that they can buy matzah and other foods for the Passover holiday.

This boy is packing gefilte fish, wine, matzah, and other traditional foods to share with poor people in his community on Passover. Why do you think the mitzvah of מַאֲכִיל רְעֵבִים (Feeding the Hungry) is so closely linked to our experiences in Egypt?

אַרְבָּעָה בָנִים

Four Children

Parents must tell the story of the Exodus from Egypt to their children. The Torah states this obligation four times in four separate verses. From this number, the Rabbis understood that the Torah referred to four different kinds of children: the wise child (חָכָם), the wicked child (רָשָׁע), the simple child (תָּם), and the child who does not know how to ask questions. And so the Rabbis advised that the Passover story be taught in a way that all children might understand.

1 כְּנֶגֶד אַרְבָּעָה בָנִים דִּבְּרָה תוֹרָה:

2 אֶחָד חָכָם, וְאֶחָד רָשָׁע, וְאֶחָד תָּם,
וְאֶחָד שֶׁאֵינוֹ יוֹדֵעַ לִשְׁאוֹל.

חָכָם

3 חָכָם מַה הוּא אוֹמֵר?

4 מָה הָעֵדֹת וְהַחֻקִּים וְהַמִּשְׁפָּטִים

5 אֲשֶׁר צִוָּה יְיָ אֱלֹהֵינוּ אוֹתָנוּ?

רָשָׁע

6 רָשָׁע מַה הוּא אוֹמֵר?

7 מָה הָעֲבֹדָה הַזֹּאת לָכֶם? לָכֶם, וְלֹא לוֹ.

תָּם

8 תָּם מַה הוּא אוֹמֵר?

9 מַה זֹּאת?

וְשֶׁאֵינוֹ

10 וְשֶׁאֵינוֹ יוֹדֵעַ לִשְׁאוֹל, אַתְּ פְּתַח לוֹ! שֶׁנֶּאֱמַר:

11 וְהִגַּדְתָּ לְבִנְךָ בַּיּוֹם הַהוּא לֵאמֹר:

UNDERSTAND

Copy the Hebrew verse that says that the Torah speaks about four children.

____

____

Match the description in column I with the appropriate child in column II.

I	II
1. This child asks about the meaning of the laws and rules that God commanded us to follow.	רָשָׁע 2
2. This child asks: What does this service mean to *you* (not what does it mean to all of us).	שֶׁאֵינוֹ יוֹדֵעַ לִשְׁאוֹל ___
3. This child asks: What is this?	חָכָם ___
4. This child does not know how to ask.	תָּם ___

ATTACHMENTS

Check the Hebrew word that means the same as the English.

1. the Torah	___ לַתּוֹרָה	✓ הַתּוֹרָה	___ תּוֹרָה
2. like your people	___ מֵעַמְּךָ	___ כְּעַמְּךָ	___ וְעַמְּךָ
3. from there	___ שָׁם	___ שֶׁשָּׁם	___ מִשָּׁם
4. to Pharaoh	___ מִפַּרְעֹה	___ לְפַרְעֹה	___ וּפַרְעֹה
5. with a strong hand	___ כְּיָד חֲזָקָה	___ הַיָּד הַחֲזָקָה	___ בְּיָד חֲזָקָה
6. and our children	___ וּבָנֵינוּ	___ לְבָנֵינוּ	___ שֶׁבָּנֵינוּ
7. who made	___ עָשָׂה	___ וְעָשָׂה	___ שֶׁעָשָׂה

Read the Hebrew word in column 1 and the English particle (word part) listed in column 2. Write the complete Hebrew word in column 3.

	1	2	3
1	מִצְוָה	the	הַמִּצְוָה
2	עֲבָדִים	like, as	___
3	יִשְׂרָאֵל	to	___
4	הַגָּדָה	in the	___
5	מִצְרַיִם	from	___

STORY WORDS

WORDS YOU KNOW

to drink	לִשְׁתּוֹת
to buy	לִקְנוֹת
people	אֲנָשִׁים
full	מָלֵא
we sold	מָכַרְנוּ (מכר)
honored	כִּבְּדוּ
in his honor	לִכְבוֹדוֹ
put	שָׂמִים (שים)
money	כֶּסֶף
matzahs	מַצּוֹת
wine	יַיִן
gold	זָהָב
guest	אוֹרֵחַ

NEW WORDS

Mr., sir	אֲדוֹנִי
with us, with you	אִתָּנוּ, אִתְּכֶם
orphan	יָתוֹם, יְתוֹמִים
therefore	לָכֵן
remained, left	נִשְׁאֲרָה
suddenly	פִּתְאֹם
righteous	צַדִּיקִים
happened	קָרָה (קרה)
wealth, property	רְכוּשׁ
came near, approached	קָרְבוּ (קרב)

STORY PREPARATION

#	English			
1	strong	מַרְבֶּה	(חֲזָקָה)	ל
2	to tell	לְסַדֵּר	לְסַפֵּר	
3	he took out	הוֹצִיא	יָבוֹא	
4	slaves	אֲנָשִׁים	עֲבָדִים	
				■
5	praised	מְשֻׁבָּח	מִצְוָה	
6	wealth	רְכוּשׁ	אַרְבַּע	
7	orphans	נְבִיאִים	יְתוֹמִים	
8	money	כֶּסֶף	חֶסֶד	
9	suddenly	פִּתְאֹם	פַּעַם	
				■
10	to sell	לִקְרֹא	לִמְכֹּר	
11	guest	אוֹרֵחַ	אֲדוֹנִי	
12	family	הַגָּדָה	מִשְׁפָּחָה	
13	cup	יַיִן	כּוֹס	
				■
14	they honored	קָרְבוּ	כִּבְּדוּ	
15	poor people	עֲנִיִּים	זְקֵנִים	
16	righteous people	צַדִּיקִים	חֲבֵרִים	
17	happened	בָּאָה	קָרָה	

What is missing from the seder plate?
Circle the Hebrew word that means the same as the English word. Then write the underlined Hebrew letter (not the vowels) in the word you circled in the box on the right.

Read down to see the items you found on the seder plate.
One item is missing. Write it here:

_____

CHALLENGE

אוֹרֵחַ לְפֶּסַח

מֵאִיר וְאֶסְתֵּר הָיוּ אֲנָשִׁים צַדִּיקִים. הֵם קִיְּמוּ אֶת מִצְווֹת הַתּוֹרָה
וְעָזְרוּ לָעֲנִיִּים וְגַם לַיְתוֹמִים. כָּל אַנְשֵׁי הָעִיר כִּבְּדוּ אוֹתָם.

עָבְרוּ שָׁנִים, וְהִנֵּה קָרָה אָסוֹן (disaster).
כָּל הָרְכוּשׁ שֶׁלָּהֶם אָבַד (was lost). עַכְשָׁו גַּם הֵם הָיוּ עֲנִיִּים.
אָמַר מֵאִיר: ה׳ נָתַן וְה׳ לָקַח. אָמְרָה אֶסְתֵּר: יְהִי שֵׁם ה׳ מְבוֹרָךְ.

קָרְבוּ יְמֵי הַפֶּסַח. מֵאִיר אָמַר: מַה נַּעֲשֶׂה? אֵין לָנוּ כֶּסֶף לִקְנוֹת מַצּוֹת וְיַיִן.
אֶסְתֵּר אָמְרָה: נִשְׁאֲרָה לָנוּ כּוֹס זָהָב – הַכּוֹס שֶׁל אֵלִיָּהוּ הַנָּבִיא.
צְרִיכִים לִמְכֹּר אֶת הַכּוֹס כְּדֵי לִקְנוֹת מַצּוֹת וְיַיִן,
וּלְאֵלִיָּהוּ הַנָּבִיא יְכוֹלִים לִקְנוֹת כּוֹס זְכוּכִית (glass).
הַבַּת שָׁאֲלָה: לָמָּה צְרִיכִים כּוֹס מְיֻחֶדֶת (special) בִּשְׁבִיל אֵלִיָּהוּ הַנָּבִיא?
הָאֵם אָמְרָה: אוֹמְרִים שֶׁבְּלֵיל הַסֵּדֶר אֵלִיָּהוּ הַנָּבִיא בָּא
לַסֵּדֶר שֶׁל כָּל יְהוּדִי. לָכֵן, שָׂמִים כּוֹס יַיִן
מְיֻחֶדֶת לִכְבוֹדוֹ עַל הַשֻּׁלְחָן.
אֶסְתֵּר מָכְרָה אֶת כּוֹס הַזָּהָב וְקָנְתָה מַצּוֹת,
יַיִן, וְכוֹס זְכוּכִית לְאֵלִיָּהוּ הַנָּבִיא.

בְּלֵיל הַסֵּדֶר, אֶסְתֵּר, מֵאִיר, וְהַיְלָדִים יָשְׁבוּ עַל־יַד הַשֻּׁלְחָן.
מֵאִיר שָׁר אֶת הַקִדּוּשׁ.
הַמִשְׁפָּחָה הִתְחִילָה (began) לִקְרֹא בַּהַגָּדָה:
"הָא לַחְמָא עַנְיָא... כָּל דִכְפִין יֵיתֵי וְיֵכֹל..."
פִּתְאֹם, נִפְתְּחָה (was opened) הַדֶּלֶת וְזָקֵן עָנִי בָּא אֶל הַבַּיִת.
הוּא אָמַר: אֵין לִי מִשְׁפָּחָה וְאֵין לִי חֲבֵרִים בָּעִיר הַזֹּאת.
הַאִם אֲנִי יָכוֹל לָשֶׁבֶת אִתְּכֶם בַּסֵּדֶר?

מֵאִיר אָמַר: זֶה עַכְשָׁו אֲנַחְנוּ קוֹרְאִים בַּהַגָּדָה,
"כָּל דִכְפִין יֵיתֵי וְיֵכֹל. כָּל דִצְרִיךְ יֵיתֵי וְיִפְסַח..."
כָּל רָעֵב יָבוֹא וְיֹאכַל אִתָּנוּ.
כָּל מִי שֶׁצָּרִיךְ לָחֹג אֶת הַסֵּדֶר יָבוֹא אֵלֵינוּ.

אֶסְתֵּר קָמָה, נָתְנָה לָאִישׁ הַגָּדָה וְאָמְרָה: אֲדוֹנִי, בְּבַקָּשָׁה לָשֶׁבֶת אִתָּנוּ.
מֵאִיר נָתַן לָאִישׁ אֶת כּוֹס הַזְכוּכִית וְאָמַר: אַתָּה יָכוֹל לִשְׁתּוֹת יַיִן מִן הַכּוֹס שֶׁל אֵלִיָּהוּ הַנָּבִיא. אֵין לָנוּ כּוֹס אַחֶרֶת (another). פַּעַם הָיְתָה לָנוּ כּוֹס זָהָב שֶׁל אֵלִיָּהוּ הַנָּבִיא, אֲבָל מָכַרְנוּ אֶת הַכּוֹס כְּדֵי לִקְנוֹת מַצּוֹת וְיַיִן לֶחָג.

אָמַר הַזָּקֵן: אֲנִי רוֹאֶה שֶׁאַתֶּם צַדִּיקִים.
אַתֶּם מְקַיְּמִים אֶת מִצְווֹת הַתּוֹרָה.
ה׳ יְבָרֵךְ אֶתְכֶם וְיִשְׁלַח לָכֶם כָּל טוּב.

כֻּלָּם קָרְאוּ אֶת הַהַגָּדָה שֶׁל פֶּסַח,
שָׁתוּ אַרְבַּע כּוֹסוֹת יַיִן,
סִפְּרוּ עַל יְצִיאַת מִצְרַיִם,
אָכְלוּ, וְשָׁרוּ שִׁירֵי פֶּסַח.
בַּלַּיְלָה הַהוּא, הֶעָנִי לָן
(stayed overnight) בַּבַּיִת שֶׁלָּהֶם.
בַּבֹּקֶר, אֶסְתֵּר וּמֵאִיר קָמוּ וְרָאוּ
שֶׁהָאִישׁ לֹא בַּבַּיִת.
עַל הַשֻּׁלְחָן מָצְאוּ (found) כּוֹס זָהָב.
וְעַל הַכּוֹס הָיָה כָּתוּב: ״אֵלִיָּהוּ הַנָּבִיא.״
מִן הַיּוֹם הַהוּא הַבַּיִת שֶׁל אֶסְתֵּר וּמֵאִיר הָיָה מָלֵא כָּל טוּב!

מָה אַתֶּם חוֹשְׁבִים? מִי הָיָה הָאוֹרֵחַ לְפֶסַח?

LESSON 8

וְהִיא

And it is this (God's promise)

In every age there have been enemies who tried to destroy us. But God saves us from their hands. Just as God's promise sustained our ancestors, it also strengthens us today.

1   וְהִיא שֶׁעָמְדָה לַאֲבוֹתֵינוּ וְלָנוּ,

2   שֶׁלֹּא אֶחָד בִּלְבָד עָמַד עָלֵינוּ לְכַלּוֹתֵינוּ.

3   אֶלָּא שֶׁבְּכָל דּוֹר וָדוֹר עוֹמְדִים עָלֵינוּ לְכַלּוֹתֵינוּ,

4   וְהַקָּדוֹשׁ בָּרוּךְ הוּא מַצִּילֵנוּ מִיָּדָם.

TO HELP YOU UNDERSTAND

WORDS YOU KNOW

which has sustained, stood by	שֶׁעָמְדָה (עמד)
our ancestors	אֲבוֹתֵינוּ (אָב)
from their hand	מִיָּדָם (יָד)
generation	דּוֹר

NEW WORDS

only, alone	בִּלְבָד
to destroy us	לְכַלּוֹתֵנוּ (כלה)
saves us	מַצִּילֵנוּ (נצל)

WORD RECOGNITION

Circle the Hebrew word in each line that means the same as the English.

1 our ancestors	אֱלֹהֵינוּ	(אֲבוֹתֵינוּ)	אֲדוֹנֵינוּ
2 generation	דָּג	דִּבֶּר	דּוֹר
3 alone	בִּלְבָד	עָמַד	לַחְמָא
4 to destroy us	לְכַלוֹתֵנוּ	לִכְבוֹד	לְסַפֵּר
5 from their hand	מִן	מִיָּדָם	מִשָּׁם
6 saves us	יוֹצִיאָנוּ	מַצִּילֵנוּ	מִצְרַיִם

READ AND UNDERSTAND

Match each phrase to an idea.

1 וְהִיא שֶׁעָמְדָה לַאֲבוֹתֵינוּ וְלָנוּ.

2 אֶלָּא שֶׁבְּכָל דּוֹר וָדוֹר עוֹמְדִים עָלֵינוּ לְכַלוֹתֵינוּ.

3 וְהַקָּדוֹשׁ בָּרוּךְ הוּא מַצִּילֵנוּ מִיָּדָם.

____ God has saved us from our enemies.

____ In every generation enemies have tried to destroy us.

____ God's promise has sustained us.

עֶשֶׂר מַכּוֹת

Ten Plagues

As each plague is mentioned, we remove a drop of wine from the cup. We do this to show our sadness at the loss of human lives, even those of our enemies.

1. אֵלּוּ עֶשֶׂר מַכּוֹת שֶׁהֵבִיא הַקָּדוֹשׁ
2. בָּרוּךְ הוּא עַל־הַמִּצְרִים בְּמִצְרַיִם וְאֵלּוּ הֵן:
3. דָּם. צְפַרְדֵּעַ. כִּנִּים. עָרוֹב.
4. דֶּבֶר. שְׁחִין. בָּרָד. אַרְבֶּה. חֹשֶׁךְ.
5. מַכַּת בְּכוֹרוֹת.

Our tradition shows a great appreciation of beauty. It is the basis of the concept of הִדּוּר מִצְוָה (adornment of a mitzvah). So we use a beautifully illustrated הַגָּדָה to tell the Passover story. And when we recite the Kiddush, we pour wine into a decorative silver cup. Our great teacher Maimonides extends the concept of הִדּוּר מִצְוָה to acts of kindness. When we invite the needy into our home, he says, we should not give them leftovers but our choicest food and drink.

SCRAMBLED WORDS

Unscramble the English meaning of each plague. Then recite the plagues in order.

	ENGLISH	HEBREW
obold	blood	דָּם
fosgr		צְפַרְדֵעַ
nirvem		כִּנִּים
dliw sasbet		עָרוֹב
tetcla sesdiae		דֶבֶר
lisbo		שְׁחִין
ilah		בָּרָד
solcuts		אַרְבֶּה
edksnrsa		חֹשֶׁךְ
thead fo het tirfs onrb		מַכַּת בְּכוֹרוֹת

ROOTS

Write the correct root in the middle of each wheel. Write the English meaning of the root on the line.

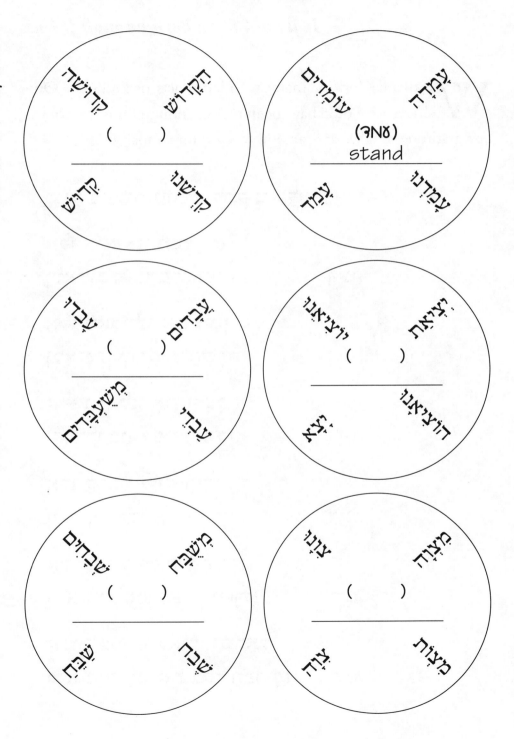

- קְדוּשָּׁה, הַקָּדוֹשׁ, ( ), ______, קָדוֹשׁ, קִדְּשָׁנוּ
- עוֹמְדִים, עָמְדָה, (עמד), stand, עָמַד, עָמַדְנוּ
- עָבְדוּ, עֲבָדִים, ( ), ______, מְשַׁעְבְּדִים, עֲבָדַי
- יוֹצִיאָנוּ, יְצִיאַת, ( ), ______, יָצָא, הוֹצִיאָנוּ
- שְׁבָחִים, מְשַׁבֵּחַ, ( ), ______, שֶׁבַח, שִׁבְּחָה
- צִוָּנוּ, מִצְוָה, ( ), ______, צִוָּה, מִצְוֹת

דַּיֵּנוּ

It would have been enough for us

We thank God for many wonderful acts of kindness. One single act would have been reason enough for us to express our gratitude, but we are grateful to God for so many!

1. כַּמָּה מַעֲלוֹת טוֹבוֹת לַמָּקוֹם עָלֵינוּ:

2. אִלּוּ הוֹצִיאָנוּ מִמִּצְרַיִם

3. וְלֹא־עָשָׂה בָהֶם שְׁפָטִים,　דַּיֵּנוּ.

4. אִלּוּ הֶאֱכִילָנוּ אֶת־הַמָּן

5. וְלֹא־נָתַן לָנוּ אֶת־הַשַּׁבָּת,　דַּיֵּנוּ.

6. אִלּוּ נָתַן לָנוּ אֶת־הַשַּׁבָּת

7. וְלֹא־קֵרְבָנוּ לִפְנֵי הַר־סִינַי,　דַּיֵּנוּ.

8. אִלּוּ קֵרְבָנוּ לִפְנֵי הַר־סִינַי

9. וְלֹא־נָתַן לָנוּ אֶת הַתּוֹרָה,　דַּיֵּנוּ.

10. אִלּוּ נָתַן לָנוּ אֶת הַתּוֹרָה

11. וְלֹא הִכְנִיסָנוּ לְאֶרֶץ יִשְׂרָאֵל,　דַּיֵּנוּ.

12. אִלּוּ הִכְנִיסָנוּ לְאֶרֶץ יִשְׂרָאֵל

13. וְלֹא בָנָה לָנוּ אֶת בֵּית הַבְּחִירָה,　דַּיֵּנוּ.

TO HELP YOU UNDERSTAND

FAMILIAR WORDS	took us out	הוֹצִיאָנוּ (יצא)
	fed us	הֶאֱכִילָנוּ (אכל)

NEW WORDS	manna	מָן
	Mount Sinai	הַר סִינַי
	judgments	שְׁפָטִים
	brought us near	קֵרְבָנוּ (קרב)
	brought us into	הִכְנִיסָנוּ (כנס)

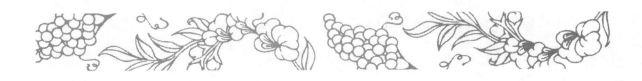

SENSIBLE SENTENCES

נָתַן	מָן
הִכְנִיסָנוּ	תּוֹרָה
הֶאֱכִילָנוּ	אֶרֶץ יִשְׂרָאֵל
קֵרְבָנוּ	מִצְרַיִם
הוֹצִיאָנוּ	הַר סִינַי
	שַׁבָּת

Choose a word from each box to create "sensible sentences."
Hint: Let the English sentences be your guide.

1 אִלּוּ _הוֹצִיאָנוּ_ מִ _מִצְרַיִם_

2 אִלּוּ _____ אֶת הַ _____

3 אִלּוּ _____ לָנוּ אֶת הַ _____

4 אִלּוּ _____ לִפְנֵי _____ _____

5 אִלּוּ _____ לָנוּ אֶת הַ _____

6 אִלּוּ _____ לְ _____ _____

1 Had God taken us out of Egypt

2 Had God fed us manna

3 Had God given us the Sabbath

4 Had God brought us near at Mt. Sinai

5 Had God given us the Torah

6 Had God brought us into the land of Israel

TIC-TAC-TOE

Complete the Tic-Tac-Toe grid by adding נוּ to each word. Then create a Tic-Tac-Toe match by selecting the matching English word and writing it in the corresponding box.

לָ____	הִכְנִיס____	מַצִּיל____
לְכַלּוֹתֵ____	אֲנַחְנוּ	הֶאֱכִיל____
קֵרְבָ____	עָלֵי____	הוֹצִיאָ____

- we
- to us
- brought us into
- fed us
- brought us near
- to destroy us
- saves us
- took us out
- upon us

____	____	____
____	we	____
____	____	____

GAME TIME

After you complete the grids, you can play Tic-Tac-Toe with both game boards. Read the word and give its Hebrew or English meaning before placing your mark in the box.

STORY WORDS

WORDS YOU KNOW

sun	שֶׁמֶשׁ
from him	מִמֶּנּוּ
light	אוֹר
earth	אֲדָמָה

NEW WORDS

more	יוֹתֵר
by himself, by myself	לְבַדּוֹ, לְבַדִּי
to separate	לִפְרֹשׁ
from me, from you	מִמֶּנִּי, מִמְּךָ
more	עוֹד
once more	עוֹד פַּעַם
sad	עָצוּב
community	צִבּוּר
young	צָעִיר
wind	רוּחַ

STORY READINESS

Write the Hebrew word for each English word. Write one letter in each space. Omit the vowels.

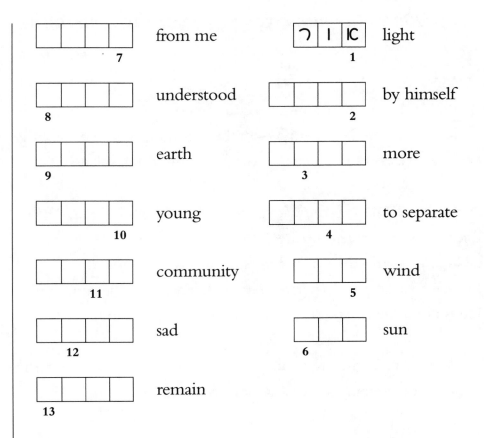

from me ▢▢▢ 7

understood ▢▢▢▢ 8

earth ▢▢▢▢ 9

young ▢▢▢▢ 10

community ▢▢▢ 11

sad ▢▢▢▢ 12

remain ▢▢▢▢ 13

light אׁ ו ר 1

by himself ▢▢▢▢ 2

more ▢▢▢▢ 3

to separate ▢▢▢▢ 4

wind ▢▢▢ 5

sun ▢▢▢ 6

Write every letter that has a number under it in these spaces to discover an important saying.

___ ___ ___ ___ ___ אׁ

6   5   4   3   2   1

___ ___ ___ ___ ___ ___ ___

13   12   11   10   9   8   7

אַל תִּפְרשׁ מִן הַצִּבּוּר.

Do not separate yourself from the community.

(Pirke Avot 2:5)

In Judaism, the community is considered very important. Every Jew is expected to identify with the community, to work for the community, and to contribute to meet community needs.

In the הַגָּדָה it is the wicked person (רָשָׁע) who asks, "What does this Passover service mean to *you*?" The Rabbis teach that by saying "to you", the wicked person means "but not to *me*." And so, he is an example of a person who withdraws from the community. He is not a member of Klal Yisrael, the Jewish community.

As you read the story about the little tree, think about the importance of being a member of a community.

In 1987, 250,000 Jews from all over the United States gathered at a demonstration for Soviet Jewry in Washington, D.C. Due in large measure to the efforts of the American Jewish community, more than half a million Russian Jews have been allowed to emigrate to מְדִינַת יִשְׂרָאֵל, the State of Israel.

הָעֵץ הַצָּעִיר

בַּיַּעַר (in the forest) הָיוּ הַרְבֵּה עֵצִים גְּדוֹלִים. בֵּין הָעֵצִים הָיָה עֵץ אֶחָד צָעִיר. הָעֵץ הַצָּעִיר הָיָה עָצוּב. הוּא חָשַׁב: אֲנִי קָטָן. אֵין לִי מַסְפִּיק (enough) אוֹר מֵהַשֶּׁמֶשׁ וְאֵין לִי מַסְפִּיק אֲדָמָה כִּי מִסָּבִיב (around) יֵשׁ הַרְבֵּה עֵצִים יוֹתֵר גְּדוֹלִים.

יוֹם אֶחָד אִישׁ חָזָק עָבַר בַּיַּעַר. בְּיָדוֹ הָיָה גַּרְזֶן (axe).
הָעֵץ הַצָּעִיר קָרָא אֶל הָאִישׁ: אֲדוֹנִי, בְּבַקָּשָׁה לַעֲזוֹר לִי.
הָאִישׁ שָׁאַל: מָה אַתָּה מְבַקֵּשׁ?
אָמַר הָעֵץ הַצָּעִיר: אֲנִי קָטָן. מִסָּבִיב יֵשׁ הַרְבֵּה עֵצִים גְּדוֹלִים.
הֵם לוֹקְחִים מִמֶּנִּי אֶת אוֹר הַשֶּׁמֶשׁ וְאֶת הָאֲדָמָה הַטּוֹבָה.
אֲנִי מְבַקֵּשׁ מִמְּךָ לִכְרֹת (to cut down) אֶת הָעֵצִים הַגְּדוֹלִים שֶׁעוֹמְדִים מִסָּבִיב לִי.

הָאִישׁ אָמַר: הָעֵצִים טוֹבִים וְיָפִים. יֵשׁ לָהֶם הַרְבֵּה
עָלִים (leaves) יְרוּקִים (green) וְגַם פֵּרוֹת יָפִים.
הָעֵץ הַצָּעִיר אָמַר עוֹד: אֲבָל צָפוּף (crowded) מְאֹד פֹּה.
אֵין לִי מַסְפִּיק אוֹר וְאֵין לִי מַסְפִּיק מָקוֹם.
אָמַר הָאִישׁ: אֲנִי חוֹשֵׁב שֶׁלֹּא טוֹב לַעֲשׂוֹת מַה שֶׁאַתָּה
מְבַקֵּשׁ מִמֶּנִּי. יֵשׁ לִי עֵצָה (advice) טוֹבָה בִּשְׁבִילְךָ:
"אַל תִּפְרֹשׁ מִן הַצִּבּוּר."

הָעֵץ בִּקֵּשׁ עוֹד פַּעַם: בְּבַקָּשָׁה לְהַצִּיל אוֹתִי מִן הָעֵצִים הַגְּדוֹלִים!
בַּסּוֹף, הָאִישׁ לָקַח אֶת הַגַּרְזֶן שֶׁלּוֹ וְכָרַת (and cut down)
אֶת כָּל הָעֵצִים הַגְּדוֹלִים. הָעֵץ הַצָּעִיר נִשְׁאַר לְבַדּוֹ.

פִּתְאֹם, בָּאָה רוּחַ חֲזָקָה מְאֹד. הָרוּחַ
הִפִּילָה (knocked down) אֶת הָעֵץ הַצָּעִיר.
הָעֵץ שָׁכַב עַל הָאֲדָמָה וּבָכָה (and cried):
הָיִיתִי טִפֵּשׁ (stupid). עַכְשָׁו אֲנִי מֵבִין.
הָעֵצִים הַגְּדוֹלִים שֶׁהָיוּ מִסָּבִיב לִי הָיוּ כְּמוֹ מָגֵן בִּשְׁבִילִי.
כָּל זְמַן שֶׁעָמַדְנוּ יַחַד אִי־אֶפְשָׁר (impossible) הָיָה לְרוּחַ חֲזָקָה
לְהַפִּיל אוֹתִי. אֲנִי נִשְׁאַר לְבַדִּי עַכְשָׁו. מִי יָכוֹל לְהַצִּיל אוֹתִי?

עַכְשָׁו הָעֵץ הַצָּעִיר הֵבִין לָמָּה זֶה לֹא טוֹב לִפְרֹשׁ מִן הַצִּבּוּר.

LESSON 9

בְּכָל דּוֹר וָדוֹר

In every generation

In every generation, each Jew must feel as if he or she had personally experienced the Exodus from Egypt. For God redeemed not only our ancestors, but each one of us. As it is written in the Torah, God brought us out from there in order to bring us to the land promised to our ancestors *(Deuteronomy 6:23)*. The Exodus from Egypt (יְצִיאַת מִצְרַיִם) is one of the most important events in Jewish history. That is why each year, on Passover, we retell the story of the Exodus.

בְּכָל דּוֹר וָדוֹר חַיָּב אָדָם לִרְאוֹת אֶת עַצְמוֹ
כְּאִלּוּ הוּא יָצָא מִמִּצְרָיִם,
שֶׁנֶּאֱמַר: וְהִגַּדְתָּ לְבִנְךָ בַּיּוֹם הַהוּא
לֵאמֹר, בַּעֲבוּר זֶה עָשָׂה יְיָ לִי בְּצֵאתִי מִמִּצְרָיִם.
לֹא אֶת אֲבוֹתֵינוּ בִּלְבָד גָּאַל הַקָּדוֹשׁ בָּרוּךְ הוּא,
אֶלָּא אַף אוֹתָנוּ גָּאַל עִמָּהֶם,
שֶׁנֶּאֱמַר: וְאוֹתָנוּ הוֹצִיא מִשָּׁם, לְמַעַן הָבִיא אֹתָנוּ,
לָתֶת לָנוּ אֶת הָאָרֶץ, אֲשֶׁר נִשְׁבַּע לַאֲבֹתֵינוּ.

TO HELP YOU UNDERSTAND

FAMILIAR WORDS

generation	דוֹר
person	אָדָם
to see	לִרְאוֹת
and you shall tell	וְהִגַּדְתָּ (הַגָּדָה)
redeemed	גָּאַל
only, alone	בִּלְבָד

NEW WORDS

himself	עַצְמוֹ
must, is obliged	חַיָּב
sworn	נִשְׁבַּע
as if	כְּאִלּוּ

TEN STEPS TO FREEDOM

Select the English meaning for each Hebrew word and write it on the correct step.

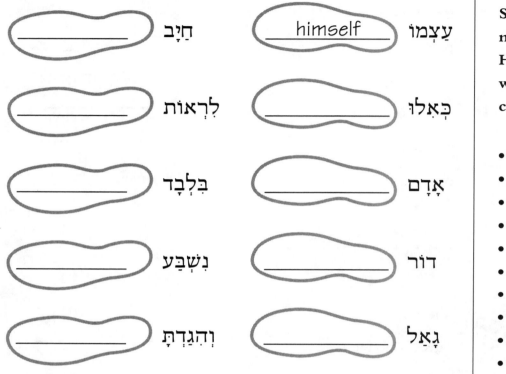

חַיָּב _____

לִרְאוֹת _____

בִּלְבָד _____

נִשְׁבַּע _____

וְהִגַּדְתָּ _____

עַצְמוֹ __himself__

כְּאִלּוּ _____

אָדָם _____

דּוֹר _____

גָּאַל _____

- himself
- to see
- must
- sworn
- as if
- redeemed
- alone
- generation
- person
- and you shall tell

AN IMPORTANT VERSE

וְהִגַּדְתָּ לְבִנְךָ בַּיּוֹם הַהוּא...

And you shall tell your child on that day...

Which word is related to the word הַגָּדָה? _____

Why is it important that each generation tell the story of the Exodus to their children?

_____

_____

130

IDEA MATCH

Match the phrase from the הַגָּדָה passage with the ideas below. Underline the matching Hebrew and English word(s).

1 בְּכָל דּוֹר וָדוֹר חַיָּב אָדָם לִרְאוֹת אֶת עַצְמוֹ
כְּאִלּוּ הוּא יָצָא מִמִּצְרָיִם.

2 וְהִגַּדְתָּ לְבִנְךָ בַּיּוֹם הַהוּא.

3 בַּעֲבוּר זֶה עָשָׂה יְיָ לִי בְּצֵאתִי מִמִּצְרָיִם.

4 לֹא אֶת אֲבוֹתֵינוּ בִּלְבָד גָּאַל... אֶלָּא אַף אוֹתָנוּ
גָּאַל עִמָּהֶם.

5 וְאוֹתָנוּ הוֹצִיא מִשָּׁם... לָתֶת לָנוּ אֶת הָאָרֶץ,
אֲשֶׁר נִשְׁבַּע לַאֲבֹתֵינוּ.

_____ Not only did God **redeem** our ancestors, but God also redeemed us.

__1__ Each **generation** must regard itself as though each one had come out of Egypt.

_____ Each one says this is because of what God did for me when **I went out of Egypt**.

_____ And you shall tell **your child** on that day.

_____ God took us out from Egypt to give us **the land** God had sworn to our ancestors.

RELATED WORDS

Here are familiar סִדּוּר phrases and phrases from the Haggadah passage בְּכָל דּוֹר וָדוֹר. Circle the related word(s) in each phrase.

	סִדּוּר	הַגָּדָה
1	לְדוֹר וָדוֹר נַגִּיד גָּדְלֶךָ	בְּכָל דּוֹר וָדוֹר חַיָּב אָדָם לִרְאוֹת אֶת עַצְמוֹ
2	וְשִׁנַּנְתָּם לְבָנֶיךָ	וְהִגַּדְתָּ לְבִנְךָ בַּיּוֹם הַהוּא
3	וְהוּא אֵלִי וְחַי גֹּאֲלִי	אֶלָּא אַף אוֹתָנוּ גָּאַל עִמָּהֶם
4	זֵכֶר לִיצִיאַת מִצְרָיִם	בְּצֵאתִי מִמִּצְרָיִם
5	אֱלֹהֵינוּ וֵאלֹהֵי אֲבוֹתֵינוּ	לֹא אֶת אֲבוֹתֵינוּ בִּלְבָד

CHALLENGE MATCH

Can you match the סִדּוּר phrases with the names of the prayers?

___ וְאָהַבְתָּ

___ קִדּוּשׁ

___ אֲדוֹן עוֹלָם

___ שְׁמוֹנֶה עֶשְׂרֵה or אָבוֹת

1 קְדוּשָּׁה

WORD POWER

Fill in the missing words in these הַגָּדָה phrases. The matching numbered English sentences at the bottom of the page will help you.

בְּנֵי חוֹרִין	לַחְמָא	דּוֹר וָדוֹר	הַלַּיְלָה	בְּיָד
עֲבָדִים	הַר סִינַי	בְּצֵאתִי מִמִּצְרָיִם		

1 מַה נִּשְׁתַּנָּה ___הלילה___ הַזֶּה מִכָּל הַלֵּילוֹת?

2 אֶלָּא שֶׁבְּכָל ______ ______ עוֹמְדִים עָלֵינוּ לְכַלּוֹתֵנוּ.

3 __________ הָיִינוּ לְפַרְעֹה בְּמִצְרָיִם

4 בַּעֲבוּר זֶה עָשָׂה יְיָ לִי __________ __________.

5 לַשָּׁנָה הַבָּאָה __________ __________.

6 וַיּוֹצִיאֵנוּ יְיָ אֱלֹהֵינוּ מִשָּׁם __________ חֲזָקָה.

7 הָא ______ עַנְיָא דִּי אֲכַלוּ אֲבָהָתַנָא בְּאַרְעָא דְמִצְרָיִם.

8 אִלּוּ קֵרְבָנוּ לִפְנֵי __________ __________... דַּיֵּנוּ.

1 Why is **this night** different from all other nights?

2 In every **generation** there are those who rise against us to destroy us.

3 We were **slaves** to Pharaoh in Egypt.

4 This is because of what the Lord did for me **when I went out from Egypt**.

5 Next year we shall be **free people**.

6 And the Lord our God took us out from there with a strong **hand**.

7 This is the poor **bread** which our fathers ate in the land of Egypt.

8 Had He brought us near Him at **Mount Sinai**… it would have been enough.

פֶּסַח מַצָּה מָרוֹר

THREE IMPORTANT SYMBOLS

Rabbi Gamliel lived more than 1800 years ago. He used to say: A person who does not explain the three important symbols of פֶּסַח, מַצָּה, and מָרוֹר at the Seder, has not fulfilled the obligation.

רַבָּן גַּמְלִיאֵל הָיָה אוֹמֵר : כָּל שֶׁלֹּא אָמַר שְׁלֹשָׁה דְבָרִים אֵלּוּ בַּפֶּסַח לֹא יָצָא יְדֵי חוֹבָתוֹ וְאֵלּוּ הֵן: פֶּסַח מַצָּה וּמָרוֹר.

פֶּסַח

פֶּסַח שֶׁהָיוּ אֲבוֹתֵינוּ אוֹכְלִים, בִּזְמַן שֶׁבֵּית הַמִּקְדָּשׁ הָיָה קַיָּם, עַל שׁוּם מָה? עַל שׁוּם שֶׁפָּסַח הַקָּדוֹשׁ בָּרוּךְ הוּא עַל בָּתֵּי אֲבוֹתֵינוּ בְּמִצְרַיִם.

מַצָּה

מַצָּה זוֹ שֶׁאָנוּ אוֹכְלִים עַל שׁוּם מָה? עַל שׁוּם שֶׁלֹּא הִסְפִּיק בְּצֵקָם שֶׁל אֲבוֹתֵינוּ לְהַחֲמִיץ, עַד שֶׁנִּגְלָה עֲלֵיהֶם מֶלֶךְ מַלְכֵי הַמְּלָכִים, הַקָּדוֹשׁ בָּרוּךְ הוּא, וּגְאָלָם.

מָרוֹר

מָרוֹר זֶה שֶׁאָנוּ אוֹכְלִים עַל שׁוּם מָה? עַל שׁוּם שֶׁמֵּרְרוּ הַמִּצְרִים אֶת חַיֵּי אֲבוֹתֵינוּ בְּמִצְרַיִם.

Match these English sentences to the equivalent Hebrew line on the opposite page. You may not know every Hebrew word, but you know most of them and can understand what each line is saying.

_8_ Why do we eat matzah?

____ Why do we eat the bitter herb?

____ Why did our ancestors eat the Passover lamb in the days of the Holy Temple?

____ Because the Egyptians made our ancestors' lives bitter.

____ Because the dough did not have time to rise.

____ Because the Holy One passed over the houses of our ancestors.

In the הַגָּדָה we read how the children of Israel marked the doorposts of their houses with the blood of a lamb so that God could recognize their homes and protect them. Today we mark the doorposts of our homes with a מְזוּזָה. When we affix a מְזוּזָה we mark our house as a Jewish home.

FROM THE SOURCES

חֲנֹךְ לַנַּעַר עַל פִּי דַרְכּוֹ
גַּם כִּי יַזְקִין לֹא יָסוּר מִמֶּנָּה.

Educate children in the way they should go
and even when they are old,
they will not depart from it.

(Proverbs 22:6)

Our tradition emphasizes the responsibility of parents to educate their children. This passage from the Book of Proverbs encourages parents to begin teaching their children Jewish values at an early age.

The passage about the Four Sons in the הַגָּדָה advises parents to teach children in ways that will meet their intellectual needs.

The שְׁמַע speaks about the parents' obligation to teach their children Torah: וְשִׁנַּנְתָּם לְבָנֶיךָ וְדִבַּרְתָּ בָּם.

Find the verse in בְּכָל דּוֹר וָדוֹר that expresses the obligation to teach children the story of the Exodus.

STORY WORDS

WORDS YOU KNOW

laws	חֻקִּים
to receive	לְקַבֵּל (קבל)
to give	לָתֵת (נתן)
we will do	נַעֲשֶׂה (עשׂה)
we will listen	נִשְׁמַע (שׁמע)
silver, money	כֶּסֶף
gold	זָהָב

NEW WORDS

pledge, surety	מַשְׁכּוֹן
then	אָז
precious	יָקָר, יְקָרָה
hold firmly	מַחֲזִיקִים (חזק)
gift	מַתָּנָה
The Ten Commandments	עֲשֶׂרֶת הַדִּבְּרוֹת
ready, prepared	מוּכָן, מוּכָנִים
daughter(s)	בַּת, בָּנוֹת

STORY READINESS

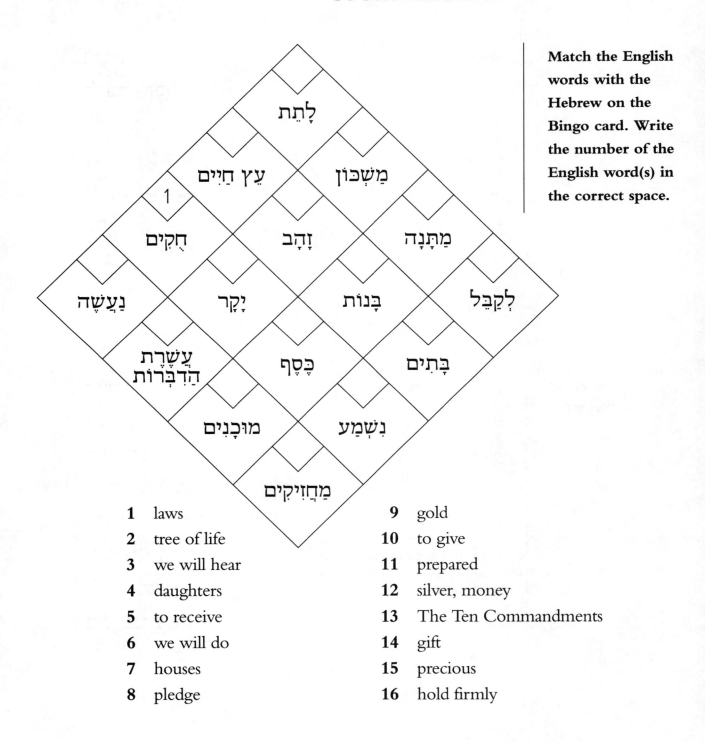

Match the English words with the Hebrew on the Bingo card. Write the number of the English word(s) in the correct space.

לָתֵת

עֵץ חַיִּים   מַשְׁכּוֹן

1

חֻקִּים   זָהָב   מַתָּנָה

נַעֲשֶׂה   יָקָר   בָּנוֹת   לְקַבֵּל

עֲשֶׂרֶת הַדִּבְּרוֹת   כֶּסֶף   בָּתִּים

מוּכָנִים   נִשְׁמַע

מַחֲזִיקִים

1 laws	9 gold
2 tree of life	10 to give
3 we will hear	11 prepared
4 daughters	12 silver, money
5 to receive	13 The Ten Commandments
6 we will do	14 gift
7 houses	15 precious
8 pledge	16 hold firmly

הַמִּשְׁכּוֹן

לָמָּה נָתַן ה׳ אֶת הַתּוֹרָה לִבְנֵי יִשְׂרָאֵל?
לָמָּה לֹא נָתַן אֶת הַתּוֹרָה לְכָל הָעַמִּים בָּעוֹלָם?

אֲנַחְנוּ לוֹמְדִים מִן הָאַגָּדָה (legend) שֶׁה׳ הָלַךְ
אֶל כָּל עַם וָעַם וְאָמַר:
יֵשׁ לִי מַתָּנָה יְקָרָה לָתֵת לָכֶם.
הַאִם אַתֶּם רוֹצִים לְקַבֵּל אֶת הַמַּתָּנָה?
הָעַמִּים שָׁאֲלוּ: מַה הִיא הַמַּתָּנָה?
ה׳ אָמַר: הַתּוֹרָה שֶׁלִּי. בַּתּוֹרָה יֵשׁ עֲשֶׂרֶת הַדִּבְּרוֹת.
מִיָּד אָמְרוּ הָעַמִּים: אֲנַחְנוּ לֹא יְכוֹלִים לְקַבֵּל אֶת הַתּוֹרָה.
אֲנַחְנוּ לֹא רוֹצִים לִחְיוֹת לְפִי (according to) הַחֻקִּים.

אָז פָּנָה (turned, faced) ה' אֶל בְּנֵי יִשְׂרָאֵל וְשָׁאַל אוֹתָם: הַאִם אַתֶּם
רוֹצִים לְקַבֵּל אֶת הַתּוֹרָה? בְּנֵי יִשְׂרָאֵל עָנוּ מִיָּד: כֵּן.
כֻּלָּנוּ רוֹצִים לְקַבֵּל אֶת הַתּוֹרָה כִּי עֵץ חַיִּים הִיא לַמַּחֲזִיקִים בָּהּ.
אָמַר ה': הַתּוֹרָה הִיא מַתָּנָה יְקָרָה.
הַאִם אַתֶּם מוּכָנִים לִשְׁמֹר אוֹתָהּ בְּכָל לְבַבְכֶם וּבְכָל נַפְשְׁכֶם?
מִיָּד כֻּלָּם עָנוּ: כֵּן, נַעֲשֶׂה וְנִשְׁמַע.

אָז אָמַר ה': אַתֶּם צְרִיכִים לָתֵת לִי מַשְׁכּוֹן יָקָר.
אָמְרוּ בְּנֵי יִשְׂרָאֵל: אֲנַחְנוּ מוּכָנִים לָתֵת
לְמַשְׁכּוֹן אֶת כָּל הַכֶּסֶף וְהַזָּהָב שֶׁלָּנוּ.
אָמַר ה': אֲנִי לֹא רוֹצֶה אֶת הַכֶּסֶף וְהַזָּהָב שֶׁלָּכֶם.
אֲנִי רוֹצֶה מַשְׁכּוֹן יוֹתֵר יָקָר.
הֵם אָמְרוּ: אֲנַחְנוּ מוּכָנִים לָתֵת לְמַשְׁכּוֹן
אֶת כָּל הַבָּתִּים וְכָל הַכְּרָמִים שֶׁלָּנוּ.

אָמַר ה׳: בָּתִּים וּכְרָמִים הֵם לֹא
מַשְׁכּוֹן יוֹתֵר יָקָר מִכֶּסֶף וְזָהָב.
אֲנִי רוֹצֶה לְמַשְׁכּוֹן אֶת הַדָּבָר
הַיָּקָר בְּיוֹתֵר (most precious) שֶׁיֵּשׁ לָכֶם.
בְּנֵי יִשְׂרָאֵל אָמְרוּ:
הַבָּנִים וְהַבָּנוֹת הֵם הַמַּשְׁכּוֹן
הַיָּקָר בְּיוֹתֵר. אֲנַחְנוּ מוּכָנִים
לָתֵת אוֹתָם לְמַשְׁכּוֹן.

בַּסּוֹף ה׳ אָמַר: אֶת הַמַּשְׁכּוֹן הַזֶּה
אֲנִי מְקַבֵּל. אַתֶּם צְרִיכִים לְלַמֵּד
אֶת הַתּוֹרָה לַיְלָדִים שֶׁלָּכֶם
"בְּשִׁבְתְּךָ בְּבֵיתֶךָ וּבְלֶכְתְּךָ בַדֶּרֶךְ."
בְּכָל דּוֹר וָדוֹר חַיָּב אָדָם
לִרְאוֹת אֶת עַצְמוֹ כְּאִלּוּ (as if)
הוּא יָצָא מִמִּצְרַיִם.

LESSON 10

אֶחָד מִי יוֹדֵעַ?

Who Knows One?

Wе conclude the Seder with the singing of hymns and folksongs. אֶחָד מִי יוֹדֵעַ is a favorite counting song. It originated among European Jews in the Middle Ages. The thirteen questions and answers in the song deal with Jewish traditions and beliefs. The counting begins, "Who knows One? – One is our God in heaven and earth" and ends with "Who knows thirteen?" The number thirteen refers to the thirteen attributes of God *(Exodus 34: 6-7)*. Here are the first five stanzas of the song.

אֶחָד מִי יוֹדֵעַ?   1 אֶחָד אֲנִי יוֹדֵעַ. אֶחָד אֱלֹהֵינוּ שֶׁבַּשָּׁמַיִם וּבָאָרֶץ.

שְׁנַיִם   2 שְׁנַיִם אֲנִי יוֹדֵעַ. שְׁנֵי לֻחוֹת הַבְּרִית. אֶחָד אֱלֹהֵינוּ
מִי יוֹדֵעַ?   3 שֶׁבַּשָּׁמַיִם וּבָאָרֶץ.

שְׁלֹשָׁה   4 שְׁלֹשָׁה אֲנִי יוֹדֵעַ. שְׁלֹשָׁה אָבוֹת. שְׁנֵי לֻחוֹת הַבְּרִית.
מִי יוֹדֵעַ?   5 אֶחָד אֱלֹהֵינוּ שֶׁבַּשָּׁמַיִם וּבָאָרֶץ.

אַרְבַּע   6 אַרְבַּע אֲנִי יוֹדֵעַ. אַרְבַּע אִמָּהוֹת. שְׁלֹשָׁה אָבוֹת.
מִי יוֹדֵעַ?   7 שְׁנֵי לֻחוֹת הַבְּרִית. אֶחָד אֱלֹהֵינוּ שֶׁבַּשָּׁמַיִם וּבָאָרֶץ.

חֲמִשָּׁה   8 חֲמִשָּׁה אֲנִי יוֹדֵעַ. חֲמִשָּׁה חֻמְשֵׁי תוֹרָה.
מִי יוֹדֵעַ?   9 אַרְבַּע אִמָּהוֹת. שְׁלֹשָׁה אָבוֹת. שְׁנֵי לֻחוֹת הַבְּרִית.
  10 אֶחָד אֱלֹהֵינוּ שֶׁבַּשָּׁמַיִם וּבָאָרֶץ.

142

TO HELP YOU UNDERSTAND

FAMILIAR WORDS	knows	יוֹדֵעַ (ידע)
	in the heaven	בַּשָּׁמַיִם
	and in the earth	וּבָאָרֶץ
	fathers	אָבוֹת (אָב)
	mothers	אִמָּהוֹת (אֵם)
	five books of the Torah	חֻמְשֵׁי תוֹרָה

NUMBERS	one	אֶחָד
	two	שְׁנַיִם (שְׁנֵי)
	three	שְׁלשָׁה
	four	אַרְבַּע
	five	חֲמִשָּׁה

NEW WORDS	tablets of the covenant	לֻחוֹת הַבְּרִית

NUMBERS

In Hebrew, numbers have two forms – masculine and feminine.

The number must agree with the noun it describes.

FEMININE	MASCULINE	
אַחַת	אֶחָד	1
שְׁתַּיִם (שְׁתֵּי)	שְׁנַיִם (שְׁנֵי)	2
שָׁלֹשׁ	שְׁלֹשָׁה	3
אַרְבַּע	אַרְבָּעָה	4
חָמֵשׁ	חֲמִשָּׁה	5
שֵׁשׁ	שִׁשָּׁה	6
שֶׁבַע	שִׁבְעָה	7
שְׁמוֹנֶה	שְׁמוֹנָה	8
תֵּשַׁע	תִּשְׁעָה	9
עֶשֶׂר	עֲשָׂרָה	10

PICTURE PERFECT

Read each Hebrew phrase. Then write the correct number in the circle next to each picture.

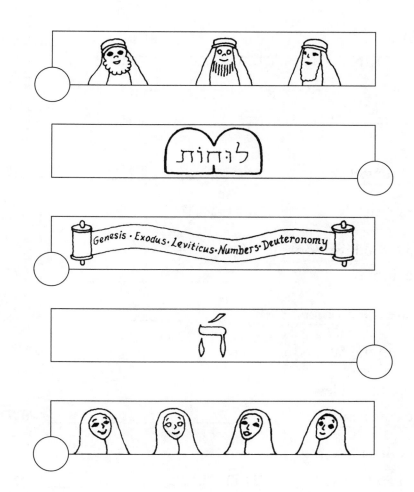

1 אֶחָד אֱלֹהֵינוּ שֶׁבַּשָּׁמַיִם וּבָאָרֶץ

2 שְׁנֵי לֻחוֹת הַבְּרִית

3 שְׁלֹשָׁה אָבוֹת

4 אַרְבַּע אִמָּהוֹת

5 חֲמִשָּׁה חֻמְשֵׁי תוֹרָה

THE FIFTH VERSE

לֻחוֹת הַבְּרִית   חֻמְשֵׁי תוֹרָה   אֲנִי   אָבוֹת
יוֹדֵעַ   אֱלֹהֵינוּ   אִמָּהוֹת

Who knows five? — חֲמִשָּׁה מִי ___יוֹדֵעַ___

I know five. — חֲמִשָּׁה ________ יוֹדֵעַ

Five are the Five Books of the Torah. — חֲמִשָּׁה ________ ________

Four are the mothers. — אַרְבַּע ________

Three are the fathers. — שְׁלֹשָׁה ________

Two are the tablets of the covenant. — שְׁנֵי ________ ________

One is our God in heaven and earth. — אֶחָד ________ שֶׁבַּשָּׁמַיִם וּבָאָרֶץ

Each verse in the song repeats the phrases from the previous verses in reverse order. Complete the fifth verse by adding the missing words originally read in verses 1-4 on page 142. The missing Hebrew is underlined in the matching English phrases.

חַד גַּדְיָא

One Kid

The last folksong in the הַגָּדָה is in the form of a nursery rhyme. Written in Aramaic, it tells the story of what happened to one baby goat, a kid (גַּדְיָא), which a father bought for two zuzim or coins (בִּתְרֵי זוּזֵי). Some say that the kid represents the Jewish people and the cat (שֻׁנְרָא) and the dog (כַּלְבָּא) symbolize their enemies who were punished for their wickedness. The song ends with the hope that a time will come when goodness and peace will be found throughout the world. Here are the first three verses of the song.

1 חַד גַּדְיָא, חַד גַּדְיָא
2 דִּזְבַן אַבָּא בִּתְרֵי זוּזֵי.
3 חַד גַּדְיָא, חַד גַּדְיָא.

4 וַאֲתָא שֻׁנְרָא, וְאָכַל לְגַדְיָא,
5 דִּזְבַן אַבָּא בִּתְרֵי זוּזֵי.
6 חַד גַּדְיָא, חַד גַּדְיָא.

7 וַאֲתָא כַלְבָּא, וְנָשַׁךְ לְשֻׁנְרָא,
8 דְּאָכַל לְגַדְיָא,
9 דִּזְבַן אַבָּא בִּתְרֵי זוּזֵי.
10 חַד גַּדְיָא, חַד גַּדְיָא.

TO HELP YOU UNDERSTAND

FAMILIAR WORDS

one	חַד (אֶחָד)	
father	אַבָּא (אָב)	
ate	אָכַל	

NEW WORDS

kid (goat)	גַּדְיָא	
two	תְּרֵי	
coins	זוּזֵי	
dog	כַּלְבָּא	
bought	זְבַן	
that	דִּ, דְּ	
and (then) came	וַאֲתָא	
and bit	וְנָשַׁךְ	

WORD MATCH

Draw a line from the Hebrew word on the right to the related Aramaic word.

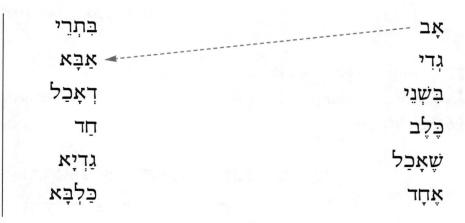

בִּתְרֵי	אָב
אַבָּא	גְּדִי
דְּאָכַל	בִּשְׁנֵי
חַד	כֶּלֶב
גַּדְיָא	שֶׁאָכַל
כַּלְבָּא	אֶחָד

Draw a line from the word on the right to its English meaning.

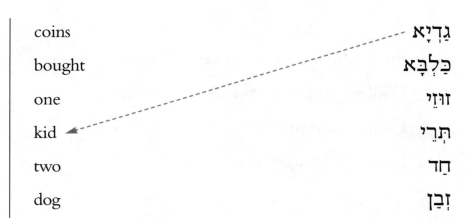

coins	גַּדְיָא
bought	כַּלְבָּא
one	זוּזֵי
kid	תְּרֵי
two	חַד
dog	זְבַן

אַרְבַּע כּוֹסוֹת

Four Cups of Wine

During the Seder we drink four cups of wine. The four cups represent four promises God made to our ancestors *(Exodus 6:6-7)*. They are:

1 וְהוֹצֵאתִי אֶתְכֶם מִתַּחַת סִבְלֹת מִצְרַיִם,

2 וְהִצַּלְתִּי אֶתְכֶם מֵעֲבֹדָתָם,

3 וְגָאַלְתִּי אֶתְכֶם בִּזְרוֹעַ נְטוּיָה,

4 וְלָקַחְתִּי אֶתְכֶם לִי לְעָם.

Match the Hebrew phrase with the English equivalent.

____ I will deliver you from slavery.

____ I will take you to be My people.

____ I will redeem you with an outstretched arm.

__1__ I will bring you out from Egypt.

Write the first word of each promise in Hebrew.

I will bring you out ______________________

I will deliver you ______________________

I will redeem you ______________________

I will take you ______________________

The Fifth Cup

**We read God's
fifth promise in
*Exodus 6:8:***

וְהֵבֵאתִי אֶתְכֶם אֶל הָאָרֶץ 1

אֲשֶׁר נָשָׂאתִי אֶת יָדִי לָתֵת אֹתָה 2

לְאַבְרָהָם לְיִצְחָק וּלְיַעֲקֹב... 3

The fifth cup is Elijah's Cup, כּוֹס אֵלִיָּהוּ. It is placed near the center of the Seder table and symbolizes God's fifth promise. According to tradition, אֵלִיָּהוּ הַנָּבִיא, Elijah the prophet, will one day announce the arrival of the time when all people everywhere will live in peace, harmony, and freedom.

Now that our people have returned to the Land of Israel, אֶרֶץ יִשְׂרָאֵל, the land that God promised to our ancestors Abraham, Isaac and Jacob, do you think we should drink a fifth cup of wine? Why?

The prophet Elijah is a guest at every Passover סֵדֶר table. A special wine cup, like this 19th century red glass כּוֹס אֵלִיָּהוּ, awaits the honored visitor.

כָּל יִשְׂרָאֵל עֲרֵבִים זֶה בָּזֶה.

All Israel is responsible for one another.

(Talmud, Shavuot 39)

Jewish people feel a special responsibility for one another. From the time of our ancestors, Jewish people have always taken care of one another. When a Jew is in need, we must respond. When a Jewish person is lonely, we must reach out. When another Jew cannot celebrate, we must provide the means. This has always been true, and it is especially true on the Passover holiday. Jewish communities provide Passover Seders and holiday foods for those not able to provide for themselves. And we are encouraged to invite people into our homes to celebrate the Passover Seder with our families.

These girls remind us to be generous with the צְדָקָה we give. They are dressed in giant charity boxes, traditionally called *pushkas*. Years ago, a pushka was found in every Jewish home and the mother of the house put coins in it before lighting the Shabbat or holiday candles. Why do you think it is important to give צְדָקָה?

STORY WORDS

WORDS YOU KNOW

fisherman	דַּיָּג (דוג)
before him	לְפָנָיו (לִפְנֵי)
livelihood	פַּרְנָסָה
happens	קוֹרֶה (קרה)
ready, prepared	מוּכָן
old	זָקֵן

NEW WORDS

problem	בְּעָיָה
to die	לָמוּת
enough, sufficient	מַסְפִּיק
responsible	עֲרֵבִים
was afraid	פָּחַד, פָּחֲדוּ (פחד)
wicked	רָשָׁע
difficult, hard	קָשֶׁה, קָשִׁים
famine	רָעָב (רָעֵב)

STORY READINESS

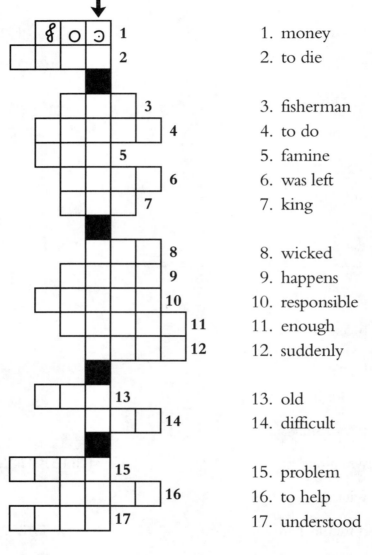

1. money
2. to die

3. fisherman
4. to do
5. famine
6. was left
7. king

8. wicked
9. happens
10. responsible
11. enough
12. suddenly

13. old
14. difficult

15. problem
16. to help
17. understood

Write the Hebrew word for each English word in the puzzle squares. Leave out the vowels.

Look at the puzzle column marked with an arrow (▼).

Read down to see an important saying. Write the saying in Hebrew:

_____

Write the English meaning:

_____

הַמֶּלֶךְ וְהַדַּיָּג

לִפְנֵי הַרְבֵּה שָׁנִים חַי מֶלֶךְ רָשָׁע. הַמֶּלֶךְ הַזֶּה לָקַח כִּמְעַט אֶת כָּל הַכֶּסֶף שֶׁל הָאֲנָשִׁים וְלֹא נִשְׁאַר לָהֶם מַסְפִּיק כֶּסֶף לִקְנוֹת אֹכֶל. תָּמִיד הָיוּ רְעֵבִים וַעֲצוּבִים אֲבָל פָּחֲדוּ לְהִתְלוֹנֵן (to complain).

פַּעַם, הֵם יָשְׁבוּ יַחַד וְהִתְלוֹנְנוּ (and complained) עַל הַחַיִּים הַקָּשִׁים שֶׁלָּהֶם. אָמְרוּ שֶׁהֵם כְּמוֹ עֲבָדִים לְפַרְעֹה בְּמִצְרַיִם. הֶחְלִיטוּ (they decided) שֶׁצְּרִיכִים לָלֶכֶת לַמֶּלֶךְ הָרָשָׁע לְהִתְלוֹנֵן לְפָנָיו אֲבָל כָּל אֶחָד פָּחַד לָלֶכֶת.

קָם דַּיָּג זָקֵן וְאָמַר: אֲנִי מוּכָן לָלֶכֶת לַמֶּלֶךְ.
פַּעַם הָיְתָה לִי פַּרְנָסָה טוֹבָה.
פַּעַם הָיוּ לִי חַיִּים טוֹבִים.
לִפְנֵי חֹדֶשׁ, הָאִשָּׁה שֶׁלִּי מֵתָה מֵהָרָעָב.
מַה יָּכוֹל הַמֶּלֶךְ לַעֲשׂוֹת לִי עַכְשָׁו?
הָאֲנָשִׁים אָמְרוּ לוֹ:
טוֹב, לֵךְ אֶל הַמֶּלֶךְ.

הַדַּיָּג בָּא לִפְנֵי הַמֶּלֶךְ וְאָמַר:
אֲדוֹנִי הַמֶּלֶךְ, יֵשׁ לָנוּ בְּעָיָה גְּדוֹלָה בַּמָּקוֹם הַזֶּה.
אֵין לָנוּ מַסְפִּיק אֹכֶל. כֻּלָּנוּ רְעֵבִים.
אָמַר הַמֶּלֶךְ: חֲבָל (it is pity) שֶׁאַתֶּם רְעֵבִים,
אֲבָל זֹאת לֹא הַבְּעָיָה שֶׁלִּי.
זֹאת הַבְּעָיָה שֶׁלָּכֶם.

הַדַּיָּג יָשַׁב בְּשֶׁקֶט. אַחַר־כָּךְ (afterwards) אָמַר:
אֲדוֹנִי הַמֶּלֶךְ, אַף־עַל־פִּי (although)
שֶׁאַתָּה לֹא מוּכָן לַעֲזֹר לָנוּ,
אֲנִי מוּכָן לַעֲשׂוֹת מַעֲשֶׂה טוֹב בִּשְׁבִילְךָ.
אֲנִי רוֹצֶה לָקַחַת אוֹתְךָ לַמָּקוֹם הַיָּפֶה בְּיוֹתֵר
בְּכָל הָעוֹלָם. שָׁם (there) יֵשׁ הַכֹּל כְּמוֹ בְּגַן עֵדֶן.
הָעֵצִים גְּדוֹלִים. הַפֵּרוֹת טוֹבִים, גַּם הַפְּרָחִים
יָפִים. הַאִם אַתָּה רוֹצֶה לִנְסֹעַ (to travel) אִתִּי?
הַמֶּלֶךְ שָׂמַח לִשְׁמֹעַ אֶת דִּבְרֵי הַדַּיָּג וְאָמַר:
כֵּן, אֲנִי מוּכָן לִנְסֹעַ אִתְּךָ.

בָּאוּ הַדַּיָּג וְהַמֶּלֶךְ לַסִּירָה (to the boat)

שֶׁל הַדַּיָּג, יָשְׁבוּ בַּסִּירָה וְהַדַּיָּג שָׁט (sail)

בַּסִּירָה. פִּתְאֹם, הַמֶּלֶךְ רָאָה שֶׁהַדַּיָּג

הִתְחִיל (began) לַעֲשׂוֹת חוֹר (hole) בַּסִּירָה.

צָעַק הַמֶּלֶךְ: מָה אַתָּה עוֹשֶׂה? אַתָּה מְשֻׁגָּע (crazy)!

אָמַר הַדַּיָּג: אֲנִי כָּל־כָּךְ (so) רָעֵב שֶׁאֲנִי מוּכָן לָמוּת פֹּה.

צָעַק הַמֶּלֶךְ: אוּלַי אַתָּה רוֹצֶה לָמוּת אֲבָל אֲנִי לֹא רוֹצֶה לָמוּת!

אָמַר הַדַּיָּג: אֲנִי יוֹדֵעַ. לָכֵן אֲנִי עוֹשֶׂה אֶת הַחוֹר רַק בַּצַּד (side) שֶׁלִּי.

מַה שֶּׁקּוֹרֶה לְךָ לֹא הַבְּעָיָה שֶׁלִּי וּמַה שֶּׁקּוֹרֶה לִי לֹא הַבְּעָיָה שֶׁלְּךָ.

הַמֶּלֶךְ הֵבִין שֶׁהוּא הָיָה מֶלֶךְ רָשָׁע וְהוּא אָמַר: קַח אוֹתִי הַבַּיְתָה.

אֲנִי מוּכָן לָתֵת אֹכֶל לְכָל הָאֲנָשִׁים. אֲנִי מוּכָן לַעֲזֹר לָהֶם.

לְבַסּוֹף הַמֶּלֶךְ הֵבִין "כֻּלָּנוּ עֲרֵבִים זֶה בָּזֶה."

לַשָּׁנָה הַבָּאָה
בִּירוּשָׁלָיִם!

Next year in Jerusalem!

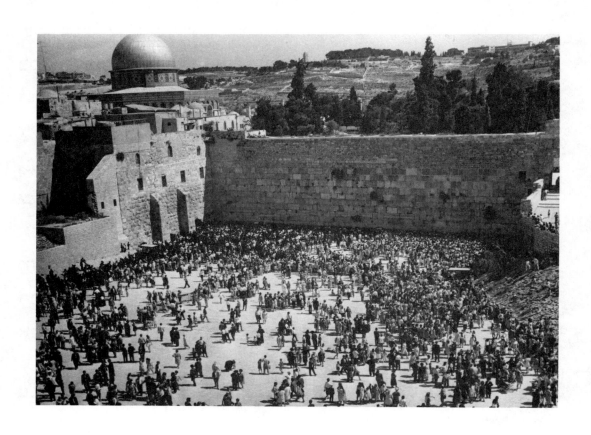

WORD LIST

אָבוֹת	fathers
אֶבֶן	stone
אֲדוֹנִי	Mr., sir
אָדָם	person
אֲדָמָה	earth
(אהב)	love
אוֹר	light
אוֹרֵחַ	guest
אוֹתִי	me
אָז	then
אַחַת, אֶחָד	one
אֵין לִי	I do not have
אֵינִי	I am not
(אכל)	eat
אַל	not, do not
אִמָּהוֹת	mothers
(אמר)	say
אָנוּ	we
אָנֹכִי	I
אֲנָשִׁים	people
אֲפִילוּ	even if
אַרְבַּע, אַרְבָּעָה	four
אֲרוּחָה	meal
אַשְׁרֵי	happy
אִתָּנוּ, אִתְּכֶם	with us, with you

בַּדֶּרֶךְ	on the way (road)
(בוא)	come
בִּלְבַד	only, alone
בִּמְקוֹם	in place of (instead of)
בַּת, בָּנוֹת	daughter(s)
בְּנֵי חוֹרִין	free people
בָּנֶיךָ	your children
בְּעָיָה	problem
בְּעַצְמוֹ	by himself
בְּקוֹל	out loud
(בקש)	plead, request
בְּרִית	covenant
בְּרָצוֹן	willingly
בִּשְׁבִיל	for
בְּשֶׁקֶט	quietly

(גאל)	redeem
הַגְּדוֹלָה בְּיוֹתֵר	the biggest
גַּדְיָא	kid (goat)
גְּמִילוּת חֲסָדִים	deeds of loving kindness
גָּרוּ (גור)	lived

דִּבּוּר (דבר)	speech
דִּבְרֵי אֱמֶת	words of truth
דַּיָּג	fisherman
דָּגוּ (דוג)	fished
דּוֹר	generation
דִּין	judgment
דַּרְכִּי	my way

הֶאֱמִין (אמן)	believed
הֵבִיא (בוא)	brought
הִבִּיט (נבט)	looked at
הֵבִין (בין)	understood
הַגָּדָה	Haggadah (telling)
הִגַּדְתָּ	you told
הוֹרִים	parents
(היה)	be
הִכְנִיסָנוּ (כנס)	brought us into
הִצִּיל (נצל)	saved
הַר סִינַי	Mount Sinai

זָהָב	gold
(זכר)	remember
זָקֵן, זְקֵנָה	old
זִקְנָה	old age

חַג	holiday
חַד (אחד)	one
חַדֵּשׁ	renew
חָזָק, חֲזָקָה	strong
חֹזֶק	strength
(חזר)	return
חוֹזֵר בִּתְשׁוּבָה	repent
חֵטְא	sin
חָטָאנוּ (חטא)	we sinned
חַיָּב	must, is obliged
חֹמֶר	clay
חָמֵשׁ, חֲמִשָּׁה	five
חֲמִשֵּׁי תוֹרָה	five books of the Torah
חֶסֶד	kindness
חֻקִּים	laws
(חשב)	think

יָד	hand
(ידע)	know
יוֹם הַדִּין	Day of Judgment
יוֹם הַזִּכָּרוֹן	Day of Remembrance
יוֹם כִּפּוּר	Yom Kippur, Day of Atonement
יוֹם צוֹם	Fast Day
יוֹתֵר	more
יַחַד	together
יֵחָתֵמוּן	it will be sealed
יַיִן	wine
(יצא)	go out
יְצִיאַת מִצְרַיִם	going out from Egypt – the Exodus
(יצר)	create
יָקָר, יְקָרָה	precious
יְשׁוּעָה	salvation
יָתוֹם, יְתוֹמִים	orphan(s)

כְּאִלּוּ	as if
כִּבְּדוּ (כבד)	honored
כַּד, כַּדִּים	jug(s)
כֹּחַ	strength
כַּלְבָּא	dog
(כלה)	destroy
כֻּלָּם	all of them
כֵּן אֲנַחְנוּ	so (as) are we
כֶּסֶף	silver, money
כַּפֵּר לָנוּ	grant us atonement
כֶּרֶם	vineyard
(כתב)	write, inscribe

לְאַט לְאַט	slowly
לֵב	heart
לְבַדּוֹ, לְבַדִּי	by himself, by myself
לוּחוֹת הַבְּרִית	tablets of the covenant
לַחְמָא (לֶחֶם)	bread

לִכְבוֹדוֹ (כבד)	in his honor
לְכַלוֹתֵנוּ (כלה)	to destroy us
לָכֵן	therefore
לָמוּת	to die
לְסַפֵּר (ספר)	to tell (a story)
לְפָנַי	before
(לקח)	take
לְקַיֵם מִצְוָה	to fullfill a Mitzvah

Hebrew	English
מַהֵר	quickly
מוּכָן	ready, prepared
מוֹרִים	teachers
מַחֲזִיקִים (חזק)	hold firmly
מְחַיֶה	gives life
(מחל)	pardon
מִיָד	immediately
מִישֶׁהוּ	someone
(מכר)	sell
מָלֵא	full
מְלָאכָה	work
(מלכ)	rule
מְלַמֵד (למד)	teach
מָן	manna
מִמֶנִי	from me
מִמְךָ	from you
מִמֶנוּ	from him
מַסְפִּיק	enough, sufficient
מַעֲשִׂים	deeds
מִצְוָה	command-ment
מַצוֹת	matzahs
מַצְלִיחַ	successful
מִצְרַיִם	Egypt

Hebrew	English
מַשְׁכּוֹן	pledge, surety
מַתָּנָה	gift

Hebrew	English
נְדָבָה	donation, charity
נוֹטְרֵנוּ	our keeper, guardian
(נפל)	fall
נִשְׁאֲרָה	remain, left
נִשְׁבַּע	sworn
נָשִׁים, אִשָּׁה	women, woman
נֶשֶׁךְ (נשכ)	bit
(נתן)	give

Hebrew	English
(סלח)	forgive
סְלִיחָה	forgiveness

Hebrew	English
עֲבָדִים	slaves
(עבר)	pass
עוֹד	more
עֲווֹנוֹתֵינוּ	our sins
(עזר)	help
עֵינַיִם	eyes
עָיֵף, עֲיֵפָה	tired
עַל כֻּלָם	for all of them
עַם	people, nation
(עמד)	stand
עֲנָבִים	grapes
(ענה)	answer
עָנִי	poor
עֵץ	tree, wood
עָצוּב	sad
עֶרֶב	evening
עֲרֵבִים	responsible

Hebrew	English
(עשה)	do, make
עֲשֶׂרֶת הַדִּבְּרוֹת	The Ten Commandments

Hebrew	English
פֶּה	mouth
(פחד)	afraid
פֶּסַח	Passover
פַּעַם, עוֹד פַּעַם	once, once more
פַּרְנָסָה	livelihood
פִּתְאם	suddenly

Hebrew	English
צִבּוּר	community
צֹאנְךָ	your flock (sheep)
צְדָקָה	justice, righteous act
(צוה)	command
צָעִיר	young
(צעק)	shout

Hebrew	English
(קבל)	receive
קָדוֹשׁ	holy
קוֹל	voice
(קנה)	buy
קְעָרָה	plate, bowl
(קרא)	call, read
(קרב)	approach, come near
(קרה)	happen
קָשֶׁה, קָשִׁים	difficult, hard

Hebrew	English
(ראה)	see
רוּחַ	wind
רוֹעֶה	shepherd
(רחמ)	have mercy

Hebrew	English
רָחוּם	merciful
רַחֲמִים	mercy
רְכוּשׁ	wealth
רָעֵב, רְעֵבִים	hungry
רָעָב	famine
(רצה)	want
רַק	only
רָשָׁע	wicked

Hebrew	English
(שאל)	asked
(שבח)	praise
(שוב)	return
שׁוֹפָר	shofar
(שים)	put
שָׂכָר	reward
(שלח)	send
(שלכ)	cast aside
שְׁלֵמָה	complete
שָׁלשׁ, שְׁלשָׁה	three
שָׁמַיִם	heaven
(שמע)	hear, listen
(שמר)	guard
שֶׁמֶשׁ	sun
שְׁפָטִים	judgments
(שתה)	drink
שְׁתַּיִם, שְׁנַיִם	two

Hebrew	English
תְּפִילָה (פלל)	prayer
תְּפִילַת	(the) prayer of
תַּעַזְבֵנוּ	abandon us
תִּפְרשׁ	will separate
(תקע)	blow, sound
תְּרוּעָה	sound
תְּשׁוּבָה	repentance